大人の時間はなぜ短いのか

一川 誠
Ichikawa Makoto

a pilot of wisdom

まえがき

時間とは何だろうか——。

こんなことを考えなくても、時計に示された時刻を見ながら、私たちは特に問題なく日々の生活を送ることができる。日常会話では、しばしば時間が話題となるが、時間について深く考えたことがなくても、その会話は何の問題もなく成立している。

とはいえ、多くの人たちが、時間の不思議な特徴に気づいている。

たとえば、同じ長さの時間なのに、それを短く感じたり、長く感じたりする。子供のころの1年と、大人になってからの1年とでは、ずいぶんと長さが違って感じられる。友人たちと過ごす楽しい時間はあっという間に流れ、その時間が過ぎてしまうことが惜しい気さえするのに、退屈な会議はなかなか終わってくれない。

このように、時計で測られる時間が一定でも、感じられる時間の長さが異なるケースは、数多くあるはずだ。

物理的には同じ時間が経過しているのに、感じられる時間の長さが異なるのはなぜか——。

本書は、こうした素朴な疑問に答えることを、目的の一つにしている。

感じられる時間の長さに影響を及ぼすのは、年齢や、そのときに感じている楽しさ、退屈さだけではない。実は同じ長さの時間でも、その時間をどう過ごすかによって、感じられる時間の長さは変わってしまうのだ。

たとえば、この文章をここまで読み進めた時点で、どのくらいの時間が経ったと感じられるだろう。

この程度の長さの文章の場合、たいていの読者は、読むのにかかった時間の長さを、実際より長く見積もる。1分程度かかったと感じたとしても、往々にして、実際に経過した時間はそれより短い。それに比べ、何もしていない時間は、比較的短く見積もられる。詳しくは第5章で解説するが、何かをしている時間は実際よりも長く感じられることが多いのだ。
物理的には同じ1分、1時間、1日、1カ月、1年という長さなのに、どうしてこのように感じられる時間の長さが変わってしまうのだろうか……。

先に述べたように、体験される時間の特性を探究するのが本書の目的の一つだが、他にもテーマがある。

時間には様々な謎《なぞ》が含まれている。昔から多くの研究がされているが、1000年以上の年月を経ても完全には解明されない、厄介な対象だ。しかも、誰もが時間と密接に関わっていて、決してそこから逃れることができない。

本書では、時間に関する本質的な問題のいくつかについて、読者が自分で考えるための地盤のようなものも提供したい。工夫をすれば、誰でもその謎を少しずつ解明することができる。またその結果、時間とうまく付き合っていくことも可能になるはずだ。

時間とは何か、時間とどう付き合うべきか――。

このスリリングな問題へと読者をお誘いできればと考えている。

本書の第6章に掲載のパラパラ・アニメは、上が線運動錯視、下がフラッシュラグ効果を示したものである。詳細は第4章を参照。

目次

第4章 人間が体験する時間の特性とは？ 087

第6章　現代人をとりまく時間の様々な問題　141

図版制作／ユニオンプラン
（ただし原案及び錯視図は著者による。氏名が明記されているものを除く）

第1章　時間って何だろう?

◇大人の時間は短い?

「光陰矢の如し」ということわざがある。

月日の流れは、飛び去る矢のように瞬く間に過ぎていく、というこの心理的感慨は、おそらくある程度の年齢を経た大人であれば、誰もが一度は抱いたことがあるのではないだろうか。

松尾芭蕉《ばしょう》の『おくのほそ道』の冒頭に出てくる、「月日《つきひ》は百代《はくたい》の過客《かかく》にして、行かふ年も又旅人也」という有名な一文にも、人の世の移り変わりの速さ、時間の流れの速さ、つまりは「無常迅速」の思いが込められているに違いない。

実際、多くの大人たちが、子供のころに比べて、1日や1カ月、1年が短いように感じていることだろう。しかも、年を取るにつれて、その傾向がだんだん強くなっているように感じている人も、少なくないと思う。

年齢を重ねるにつれ、同じ時間の長さをより短く感じるようになることは、実は、実験的研究でも見出されている傾向である。詳しくは第5章で述べるが、このような傾向は、「1分間経ったと思ったときにストップウォッチを止めてください」といったような、簡単な実験でも確認できる。

フランスの哲学者ポール・ジャネーとその甥《おい》の心理学者ピエール・ジャネーは、感じられる時間の長さは、年齢と反比例的な関係にあるという仮説を立てた（Janet, 1928）。一般に「ジャネーの法則」として知られている。

同じ1年であっても、10歳の子供にとっては人生の10分の1であり、60歳の大人にとっては60分の1である。年齢に対する比が小さいほど時間が短く感じられるので、加齢によって時間が短く感じられることになるというのが、彼らの考えの要旨であった（図1−1）。

確かに、自分の生きてきた時間の長さが、時間の長さを判断する際に参照されることはあり

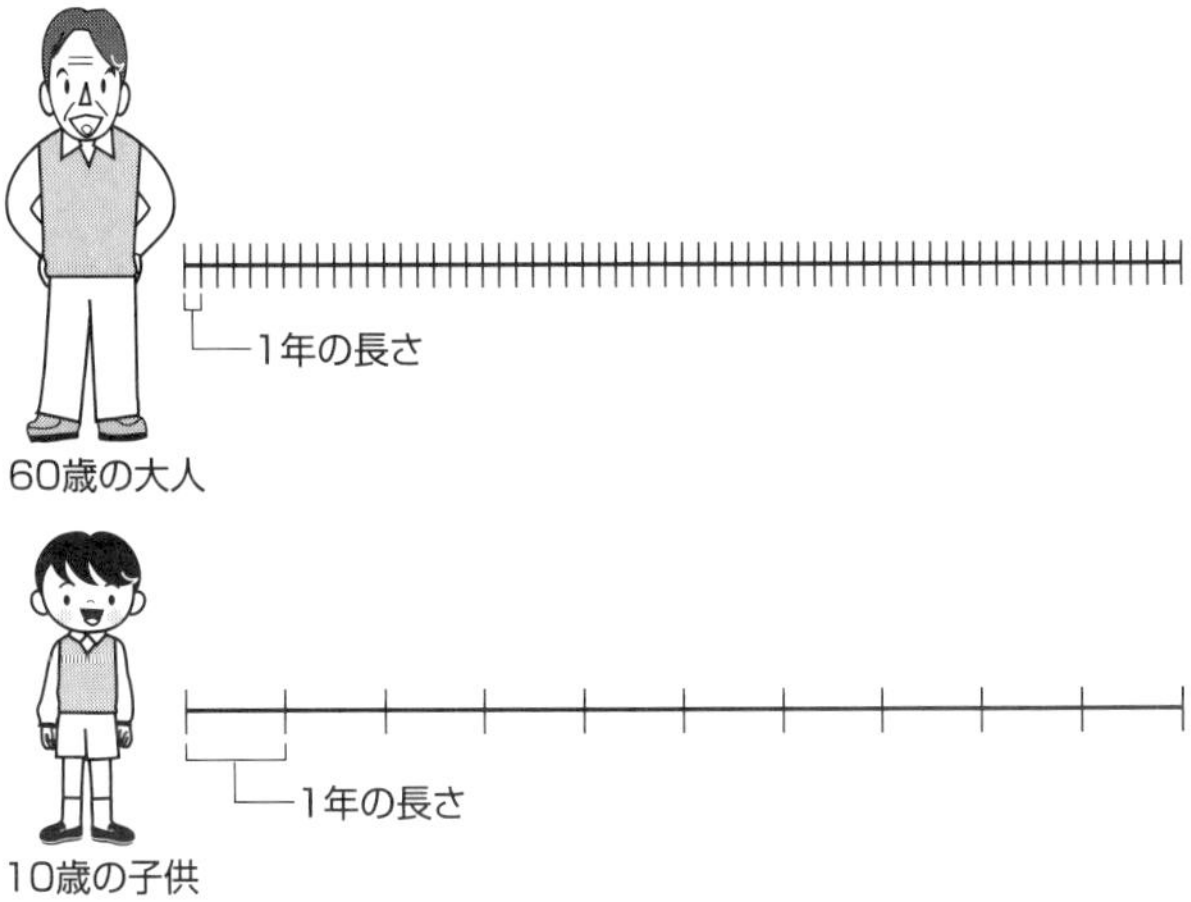

図1-1　1年の年齢に対する比

得るかもしれない。ジャネーの法則は、一見もっともらしく思える。

しかし、この法則にはいくつかの問題がある。実は、同じ年齢でも人によって、年齢による時間の感じ方の変化は異なる。そればかりか、同じ個人でも、色々な要因によって、感じられる時間の長さは変わってしまうのだ。こうしたことから、どうやら、年齢は感じられる時間の長さを決定する唯一の要因ではないことがうかがえる。また、加齢によって生じる感じられる時間の長さの変化は、ジャネーが仮定した反比例的な関係よりも、ゆるやかなのである。

ジャネーの法則や、その類似の説明は一般にはよく知られてはいるものの、このような問題点から、時間の感じ方に関する科学的研究では、検討すべき仮説とはみなされていないのが実情だ。ジャネーは、この仮説を立てる際、感じられる時間の長さと実際に経った時間との関係を調べるような実験を行なっていなかった。彼らの法則は、日常的な経験から導かれ、直観に基づいて立てられたものだったのだ。

ジャネーの法則のように、直観に基づいてまとめられた法則（本当は仮説といったほうがよいだろう）が、世間で広く受け入れられているケースは珍しくない。だが、広く世間で受け入れられているものでも、実験などを行ない、検討してみると、その法則がデータに当てはまらないことは、実験心理学の分野ではよく起こる。これは、私たちの体験について当然と思われていたことでも、事実ではないケースがしばしばあることを示している。

感じられる時間（いわば主観的時間）の特性を実験によって理解するためには、その時間の長さが、時計によって測られる客観的時間と、どのような関係にあるかを調べるのが有効だ。こうした研究方法は、心理的な量と物理的な量の対応関係を調べる方法論という意味で、「心理物理学的方法」と呼ばれる。実際、この方法で、感じられる時間の特性の多くが解明されてきた。

心理物理学的方法に基づき、直観的な仮説を超えて検討を進めることで、私たちの体験がどのような特性をもっているかについての理解が深まる。また、その理解が深まれば、体験について意図通りに操作できる範囲も広がっていく。

研究の現場は、このような経験の繰り返しだ。直観的仮説を超えて、実際に実験をしてみることの重要性を、日々実感させられている。

◇アウグスチヌスの指摘

そもそも時間とは何だろうか。

普段、このようなことを考えることは、あまりないかもしれない。

しかし、今から約1600年前、すでに哲学者アウグスチヌスが『告白』で「だれもわたしに問わなければ、わたしは知っている。しかし、だれか問うものに説明しようとすると、わたしは知らないのである」(服部英次郎訳)と指摘していたように、時間とは、実に厄介な相手である。時間とはこういうものだという誰もが納得する答えは、21世紀の現在でも、まだ得られていない。

それでも、様々な人々がこの難題に取り組んできた。その結果、時間とは何かという問いかけに対し、答えられる内容は増えてきている。

◇時間は様々な領域に関わる

時間は、様々な分野の科学の研究対象になっている。筆者が学外メンバーである山口大学の時間学研究所では、生物学、物理学、医学、生理学、哲学、文学、社会学などといった分野の視点から時間について検討を行ない、その成果を発表してきた。時間とは、様々な視点から検討可能な、しかも、それぞれの分野において根本的な問題を提起する、珍しい研究対象なのである。

本書は、その中で、特に認知科学的な視点からの時間研究を取り扱う。認知科学によって明らかになる時間特性は、他の分野、たとえば物理学的な視点からみえる時間特性とは、多くの点で異なる。

体験される時間、あるいは心理学的時間の特徴を理解することには、色々な意義がある。そのことを、まず「物理学的時間」と「心理学的時間」の特徴を比較することから考えてみよう。

◇物理学的時間とは？

ニュートン的な力学においては、ある特定の時点での状態を正確に知ることができれば、過去も未来も完全に予測可能である。特定の物体の運動について、現時点での運動と位置を正確に知ることができれば、別の時点での運動と位置を予測できる。そこに不確定性はない。

このような時間概念からすれば、世界は、すでに書かれてしまった本のようなものである。こうした世界では、あるページに書かれている事柄が他のページに書かれている事柄を変えることはない。このような世界像においては、時間には特別な方向性はない。

ニュートン力学的な時間は均一で、必然的な特徴によって他の時点と区別されるような、特別な時点というものもない。地上の環境であれば、時間の進行は、一様である。日本でも、東京から直線距離にして約1万キロ離れたロンドンでも、物理学的な時間は変わらない。

しかし、アインシュタインの相対論的な理解では、時間の進行は、たとえば重力によって影響を受ける。ブラックホールの周辺のように強い重力が働く場所での時間の進行は、地球上の時間の進行よりもゆっくりになる。運動も時間の進行に影響を与え、地球から光速に近い速度で遠ざかる宇宙船に積まれた時計は、地上の時計よりゆっくり進む。

このように、ニュートン力学的な時間と、アインシュタインの相対論的な時間では、一見、大きな違いがあるように思える。確かに、「絶対時間」「絶対空間」を想定するニュートン力学と相対論では、時間に関する概念は大きく異なる。しかしながら、ニュートン力学もアインシュタインの相対論的理解も、あるいは量子力学においても、物理学で成功しているたいていの方程式（たとえば、ニュートンの法則、ハミルトン方程式、アインシュタインの一般相対性理論、シュレディンガー方程式など）は、時間の対称性を想定している。つまり、未来と過去は対等の立場にあるという考え方だ。こうした方程式においては、時間の方向を逆転させても、実質的な違いは生じない。

現代物理学の代表的な考え方である量子力学を突きつめていくと、時間は（あるいは空間や物質の運動、エネルギーさえも）実在しないということになる。それらは物理的実体ではなく、マクロな観測装置と物理系が相互作用する際に出現するまぼろしのようなものになる。量子力学が扱うような、原子1個といったミクロな世界の理解においては、時間は実在ではなく、物理現象の特性を整理するためになされた観察や実験の結果を解釈する際の抽象化において生じる、概念的特性とみなされることもあるのである（コヴニーとハイフィールド『時間の矢、生命の矢』、1995）。

また、たとえば「絶対時間」を想定しない相対論、量子力学においては、「いま」という特権的立場をもった時点というものは存在しない。量子重力理論においては、宇宙は今から150億年ほど前に、時間も空間もない無の状態から生まれたと考えられている。宇宙が始まってからの時間発展については、現代物理学でおおよその説明がついている。

物理学では、普段の生活では接することがないようなミクロな（あるいはマクロな）物理現象における時間の特性が検討され、相対性理論や量子物理学的な理論が構築されている。そうした時間は、私たち人間にとって直接触れることのできない時間である。

ここでは、あくまでも物理学における考え方の一部を示したに過ぎない。時間について、すべての物理学者がこのように考えているわけでもないだろう。しかし、物理学では、時間についての直観からは当然とみなされているような特徴（「いま」という特権的な時点の存在や、過去から現代を経て未来へと進行することなど）が失われることがあることは、知っておいてほしい。

◇哲学における時間

哲学においても、時間に関して様々な検討がなされてきた。人間の存在にとって、時間が本質的特性であることを論じた哲学者は多い。現象学の系譜にある哲学では、時間が人間にとって本質的な事柄であることが主張されている（たとえば、フッサール、ハイデガーら）。

他方、そもそも時間の実在を否定するような哲学者もいる。たとえばジョン・マクタガートは、客観的時間の実在を否定している（入不二基義『時間は実在するか』、２００２）。彼は、今このときという時間（彼はこれをA系列の時間と呼んだ）も、座標上に○年○月○日○秒……と過去から未来に向かって並んでいるような時間（彼はこれをB系列の時間と呼んだ）も、論理的に検討すると、実在するものではないと結論している。これは、時間における「いま」性や時間の進行などは、時間の概念とは関係ない、人間の体験における錯覚に基づくという考え方であると理解できる。

ここに紹介したものも、あくまでも哲学における時間についての考え方の一部でしかない。誰もがこの考え方を受け入れているわけではなく、議論はまだまだ続いていくだろう。ここでは、物理学における時間に関する議論と同様、哲学的な議論の展開の結果、直観が時間に与えている様々な特性が失われる可能性があるということを、理解していただきたい。

このように、物質の特性や論理における整合性を重視する物理学や哲学においては、時間の存在さえも疑われることがある。仮に時間の存在を認めたとしても、物理学や哲学における時間には、人間の体験においては欠かせない「いま」や、過去から未来への進行といった特徴が失われてしまうこともある。こうした「いま」や時間の進行といった事柄は、物理的時間や時間に関する概念の中には存在していないか、あるいは、必ずしも明示的ではないようなのだ。

◇時計の時間

物理的な時間や哲学的な時間以外にも、多くの現代人が「客観的時間」というものを想定している。これは、時計の針が刻む「公共の時間」、いわば「時計の時間」である。この時計の時間は、常に一定の速さで過去から未来に向かって一方向的に進行し、それぞれの瞬間を正確に特定できるものとして考えられていて、時間についての私たちの直観的理解ともよく対応している。

この時計の時間は、物理学や哲学における時間の概念以上に、私たちの生活に非常に大きな影響を及ぼしている。たとえ物理学や哲学が時間は実在しないと主張したとしても、私たちの生活が時計の時間から解放されることはこれまでなかったし、これからもないだろう。

時計の時間は、重力的な環境がほぼ同様の地球上であれば、おおよそ同じように進むものと考えられている。つまり、誰にとっても一様の速さで進む。もちろん、一人一人がもっている時計をもち寄って、それぞれが指している時刻を比べてみれば、いくらかの違いが見られることはあるだろう。ところが、人間は、時間がどこでも誰にとっても同じように進むという概念に基づいて、世界のどこにでも適用できる共通の時間を創り出した。それは「世界時」と呼ぶことのできる時間である。

時計の時間である世界時は、もともと地球の自転（あるいはそれに対応した太陽などの天体の天球上の運行）を基に決められた時間である。地球の自転を時計代わりにして決めた時間といってもよいかもしれない。

歴史的にみると、時計の時間が人間の生活パタンに大きな影響力をもつようになったのは、農耕に関わる作業に大量の労働力を投入する必要が出てきたからである（ジャック・アタリ『時間の歴史』、１９８６）。農耕に必要な時間は、１日周期や1年周期といった周期性をもち、地球の自転や公転に対応している。人類は長い間、自転に対応した1日の周期パタンや、公転に対応している太陽や星座などの天球上の運行を農作業に活用してきた。

公共の時間は、それぞれの季節における太陽や星座の運行に対応して定められていた。そのための道具である「日時計」は、多くの文明で作成され、利用された（次ページ写真）。時間の必要性が農耕に限られなくなった後も、人間が共同で作業する際には公共の時間が必要とされた。そして、公共の時間をより正確にするためには、天体の運行を基にした決め方はあまり良い方法ではないことが分かってきた。

実は、地球は常に一定の速度で自転しているわけではない。自転の周期は、様々な原因によ

インカ帝国、ピサック遺跡（ペルー）の太陽石［日時計石］
(写真／須田郡司氏)

って変化している。たとえば、潮の満ち引きの影響で、地球の自転の周期は少しずつ長くなっている。また、大きな地震によっても自転の周期は変化することがある。２００４年12月のスマトラ沖地震が起きた後、地球の自転が少し速くなったことが分かっている。

農業のための種まきの時期や労働のための時間帯を知るには、天体の運行に基づくような大雑把な時間の決め方でも特に問題はなかった。しかし、1日の正確な長さを決めるためには、地球の自転だけに頼ることはできない。現在では、国際的な取り決めによって、より正確な時間の長さが定められている。それが、原子時計による「国際原子時」である。

原子や分子は、異なるエネルギー準位間を遷移する際に、特定の振動数をもつマイクロ波を放射する。この振動数はそれぞれの原子や分子に特有で、一定不変であると考えられている。原子時計とは、この原理を利用し、放射されたマイクロ波の振動数に基づいて、正確で安定した時を刻む時計である。高精度の時間を手に入れるためには、地球の自転ではなく、この原子時計を利用することが有効だ。そこで国際社会は、世界共通の時間を決めるという協定を結んだ。この共通の時間は「協定世界時」と呼ばれる。協定世界時は１９６１年から用いられ、１９７２年に、世界中に配置されたセシウム原子時計の平均値に基づき決められた。現在はセシウム原子時計よりも高い安定度をもつ水素メーザー型原子時計も加えて、「世界時」が決められている。

私たちが日常生活でごく当たり前に使っている1秒や1分といった時間の定義も、この原子時計によって決められている。計量に関する国際的単位である国際単位系（SI）では、１秒はセシウム１３３原子が、91億９２６３万１７７０回振動する時間とされている。分や時、日といった時間の単位も、この秒の定義を基準に規定されている。

つまり、世界共通の時間や時間の単位は、協定による国際的な取り決めなのだ。日本の標準時は協定世界時から9時間進んでいる。秒単位で表記される日本の標準時は、以下のサイトで手に入れることができる。http://www2.nict.go.jp/cgi-bin/JST.pl

このように、世界時は、原子の特性によって決められており、定義上、一定の速度で進行する。

こうした時計の時間の特徴が、物理学に基づく世界の理解から導き出されてきたものではないことは、先に述べた物理的時間の特徴から分かるだろう。物理学にとっての時間は、一方向的に進行するものではない。時間を過去から未来へと一方向的に進行するものにしているのは、物理学が明らかにしてきた特性ではなく、人間の体験における特性なのである。時計の時間は、その一方向的な進行性や特異な時点の存在など、人間によって直観的に体験される時間の特徴を多くもっている。

◇時計の時間と体験される時間

認知科学が取り扱うのは、私たちが体験する時空間の特性である。認知科学的な時間論の一つの特徴は、人間にとって「直接に触れることのできる」時空間とはどのような特性をもつのかを、明らかにする試みがなされる点である。

私たちが触れることのできる時間は、物理学的研究が明らかにしてきた時間はもちろん、前項で述べた時計の時間の特性とも異なっている。たとえば、様々な要因によって、体験される時間は伸びたり縮んだりする。そればかりか、特定の操作を加えることによって、順序が入れ替わったりもするのだ（第4章の「知覚のタイムマシン」の項を参照）。

体験される時点においては、現在は特権的な意味合いをもつし、過去と未来も本質的に区別できる。また、後に詳しく述べるが、様々な体験の生起には、時間的な制約、つまり時間的限界がある（88ページ参照）。

◇心理学の役割

「私たち人間にとって直接的に触れる時空間」「体験される時空間」の特性について実験的に検討を行なっているのは認知科学、とりわけ知覚や認知に関する実験心理学の分野である。知覚や認知に関する研究においては、物理的な刺激（たとえば映像や音など）の条件（強度や提示位置、タイミングなど）によって、見えたり聞こえたりする内容がどのように影響を受けるかについて、実験的に検討される。

このような実験科学的な検討は、物理学的な研究に比べると歴史はまだ浅く（一説には、魂や精神に関わる事柄についての科学的研究は、天体を中心とした物理現象についての科学的研究が可能になった後もしばらくはキリスト教世界ではタブーであったといわれている）、ざっと見積もって150

年程度の歴史しかない。しかし、刺激の物理的特性と、知覚的、認知的に体験される内容との間に、どのような規則性があるのかについては着実に研究が進んでいる。

ここで問われているのは、「私たちは時空間をどのように体験しているのか」「私たちに体験される時空間とはどのような特性をもっているのか」ということになるだろう。この問いは、人間の心の特性を理解するうえで、どのような意味があるのだろうか？

◇時間と意識体験の切っても切れない関係

身体は、常に時間と空間の中に位置づけられている。寝転がって、目を閉じ、耳をふさぐと、身体を通しての空間的広がりはほとんど感じられないかもしれない。しかし、時間の経過が存在しない心の状態を想像することは可能だろうか。

普段よりも時間の進行が速くなったり、遅くなったりすると感じることはあるかもしれないが、時間が進まないという体験をしたことがある読者は、ほとんどいないだろう。時間の速さが気になるということは、そもそも進行が意識されているということにほかならない。

眠っているときには、時間の進行を体験しないかもしれない。しかし、人間に意識があって、考えたり感じたりしているとき、つまり心が何かの動きを示すとき、そこには必ず何らかの形で時間が関わっている。

つまり、意識が何らかの変化を含む場合、時間から逃れることはできない。時間は、私たちの体験の基礎にあるといえるのだ。

◇未来に向かって進む時間

物理学においては通常、過去、現在、未来と進行するような時間は想定されていない。哲学においても、時間の進行や、現在という特権的な時点は、しばしば実在性を否定されている。

しかし、私たちには、時間が過去から現在を経て未来に向かって進むように感じられる。それは、人間の体験の本質的な特徴である。時間を、問う意義のある対象にしているのは、時間そのものの実在的本質ではなく、人間自身の体験の本質的特性のほうだといえる。

では、この人間に感じられる時間とは、どのような特性をもつのだろうか。

実験心理学による様々な成果の中で、特に、知覚の基礎にある過程における時間の特性と、知覚や認知される時間の特性について分かっていることを、次章以降で紹介していく。

第2章　私たちは外界をどう知覚しているのか

◇知覚体験と物理的実在

私たちが体験する時間の感覚が、時計が刻む時間と異なることは、様々な研究によって示されてきた。このことに触れる前に、まず、幅広い知覚体験と物理的な特性とのずれについて説明しておこう。なぜなら、知覚や認知が、実在と大きく乖離《かいり》していることは、よく起こっているからである。

知覚や認知は、外界の実在とどのような関係にあるのだろうか。

◇動物の知覚

最初に、動物の知覚における特徴についてみてみよう。時間に関する本なのに、どうして動物の知覚の話をするのだろうと不審に思われるかもしれないが、人間と時間との関係を考えるうえでも必要なステップなので、お付き合い願いたい。

まず、トゲウオの知覚について取り上げる。

オスのトゲウオは縄張りをもち、その中に別のオスのトゲウオが入り込んできた場合には追い払おうとする。この追い払いのための攻撃行動を引き起こす視覚刺激は、トゲウオのような形をしている必要はない。下半分に赤い色がついているような楕円や棒のような形（図2-1 a〜c）をしていれば、攻撃行動が引き起こされる。逆に、たとえ形がオスのトゲウオそっくりに似せて作られた（人間の目にはそう見える）模型であっても（図2-1d）、腹の部分が赤くなければ攻撃行動は起こらない。つまり、オスのトゲウオは、自分の縄張りに侵入してきた他者の形状のディテールにはほとんどこだわらず、腹部が赤いという局所的特徴によって、侵入者が自分のライバルかどうかという重大な判断を下していることになる。オスのトゲウオにとっては、図2-1のa〜cのほうがdよりライバルらしく見えているのである。私たち人間から

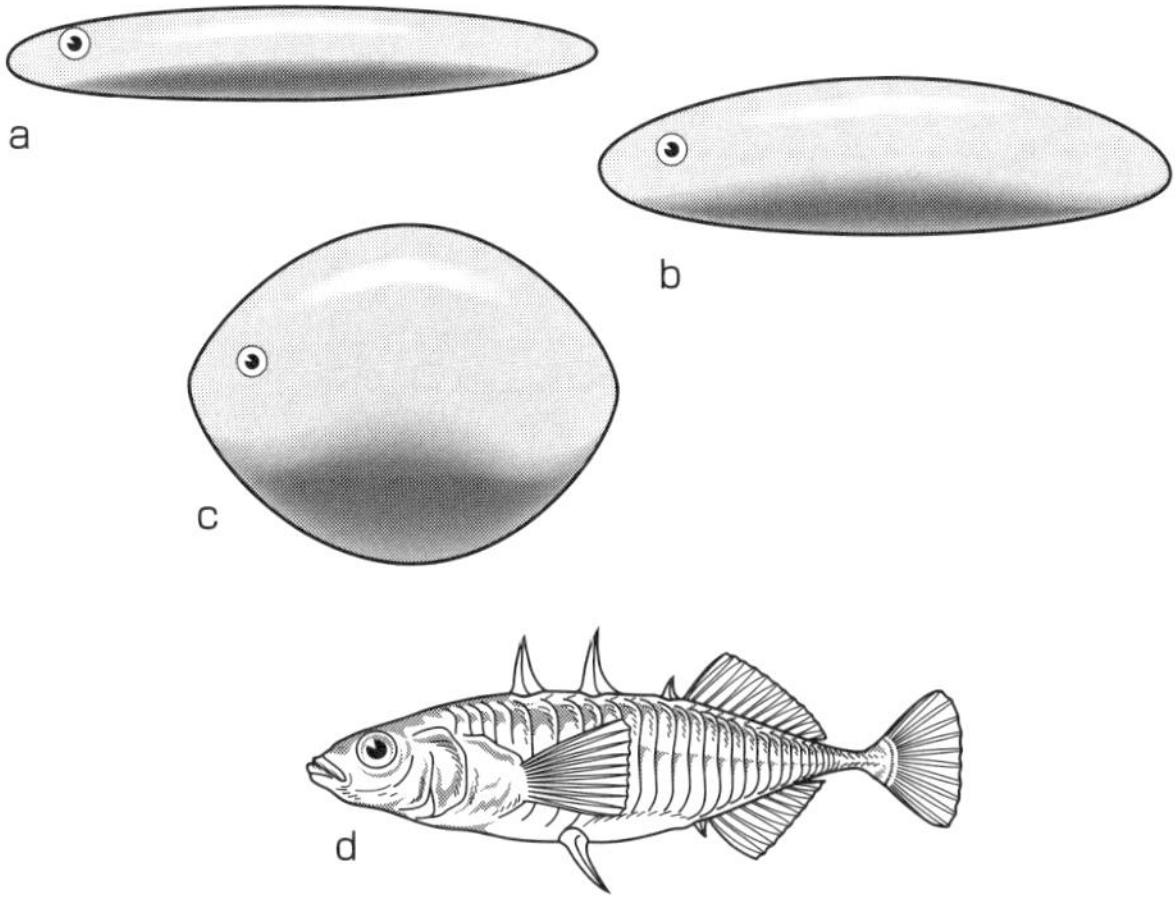

図2-1　トゲウオのオスは腹部が赤いもののみをライバルとみる

みれば、ずいぶん単純なルールに従って知覚や行動が決定されていると驚かされるだろう。

次に、カエルの視覚における対象と知覚処理との対応関係についてみてみよう。

よく知られているように、カエルの視覚は動いている対象を処理する。対象が静止していると、それはカエルの視覚的処理の対象にはなりにくい。たとえば餌となる昆虫が鼻先にいても、その昆虫が静止していると、カエルにはほとんどその存在が見えていないらしい。

さらに、J・P・エヴァートによる研究が示すところでは、対象物が動いたとしても、どうやらカエルにはそれがそのまま見えているわけではないようだ。

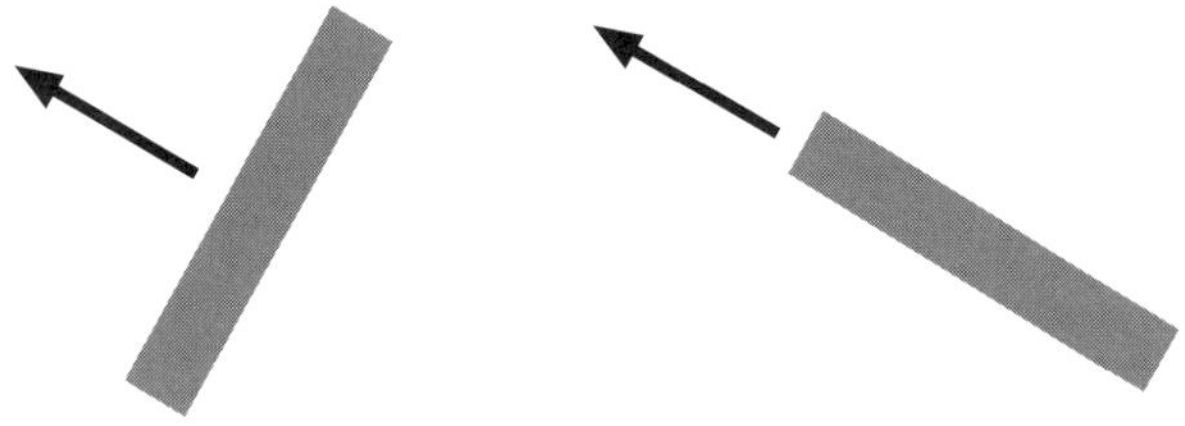

図2-2　カエルの知覚　運動の方向が重要

たとえば、図2-2に示すような長方形の紙片を、細い針金などの先につけてカエルの鼻先で動かしてみる。このとき、同じ長方形の紙片を動かしているのに、その動きの方向によってカエルの行動はまったく異なるものになる。

長方形の長軸方向に動かした場合、カエルはその長方形に跳びかかってくわえ、飲み込もうとする。どうやらその紙片を餌と勘違いするようだ。

ところが、長方形の長軸に直交する方向で同じ紙片を動かしてみると、カエルは跳ね上がって紙片から逃れようとする。今度は紙片を捕食者か危険な物体ととらえたようである。

このように、カエルは鼻先にあるのが紙片だと気づかないばかりか、その運動方向によって、その紙片を餌とみたり、危険な存在とみなしたりする。生き残るために必要か

図 2-3　ツグミのヒナの知覚

つ重要な判断について、実に単純なルールに則って行動しているのである。

読者は、「トゲウオやカエルの知覚はずいぶん単純だな」「トゲウオやカエルって馬鹿だな」などと思われるかもしれない。確かに私たちからみれば、彼らは提示されたものの本当の特性がみえて行動しているわけではないようだ。

次に、ツグミのヒナの例をみてみよう（これはノーベル生理学・医学賞を受賞したニコ・ティンバーゲンの研究に基づく）。大きさの異なる二つの円を組み合わせた厚紙を細い針金の先につけて、ツグミのヒナの前で動かしてみる（図2-3右）。すると、二つの円が特定の大きさの関係にあるとき、ヒナは厚紙に近づいて餌をねだる。どうやら、厚紙を親鳥と見間違っているようである。

ところが、二つの円をだいたい同じ大きさにした場合（図2-3中央）、ヒナは厚紙から逃げ出してしまう。親鳥と見間違った二つの円を組み合わせた厚紙に、もう一つ余分な円をつけた場合（図2－3左）も、ヒナは逃げ出してしまう。

この場合も、ツグミのヒナはずいぶん簡単なルールに基づいて、自分に餌を与えてくれる親鳥か、あるいは自分に危険を及ぼす敵かについての判断をしていることが分かる。対象が実際に何であるかが「見える」わけではなく、特定の構造をもつ情報が得られれば、その対象を親と判断したり、自分を襲うかもしれない捕食者と判断しているのである。

単なる厚紙を親と見間違えて餌をねだったり、敵と思って逃げ出したりするのを見て、読者は再び、動物の知覚はずいぶん単純だな、馬鹿だなと思われるかもしれない。

このように、動物の知覚においては、生存のために重要な判断が、とても単純なルールに基づいていて、私たち人間からすると、その単純さはあきれるほどのようにみえる。しかし、人間の場合はどうだろうか。知覚される内容は、実在ときちんと対応しているだろうか？

◇フレーザーの錯視

実は、人間の知覚も、特定の構造的特徴をもつ対象であれば、実際とは異なる知覚体験が成立するという点で、動物と変わらない。人間の知覚におけるこの特性を説明するために、図

2−4を用意した。

この図は、およそ100年前から知られている「フレーザーの錯視」と呼ばれる図形を基に作ったものである。

読者にはこの図が何を描いているように見えるだろうか？　多くの読者は、この図を一目見た瞬間、まずは黒い斑点状のエレメントが、らせんのように配置されているように見てしまうことだろう。ところが、エレメントはらせん的には配置されておらず、本当は同心円状に配置されているのである。

図2-4　フレーザーの錯視

そのことを確かめるために、図の上部の黒い×点に指を当て、そこからエレメントに沿って指を動かしてみよう。らせんであれば、やがて指先はだんだん絵の中心に近づいていくはずである。しかし、実際には、指先はちょうど一周したところで最初の×点に戻ってくる。このように実際に自分で指でなぞって確かめると、この図のエレメントが同心円状に配置されている

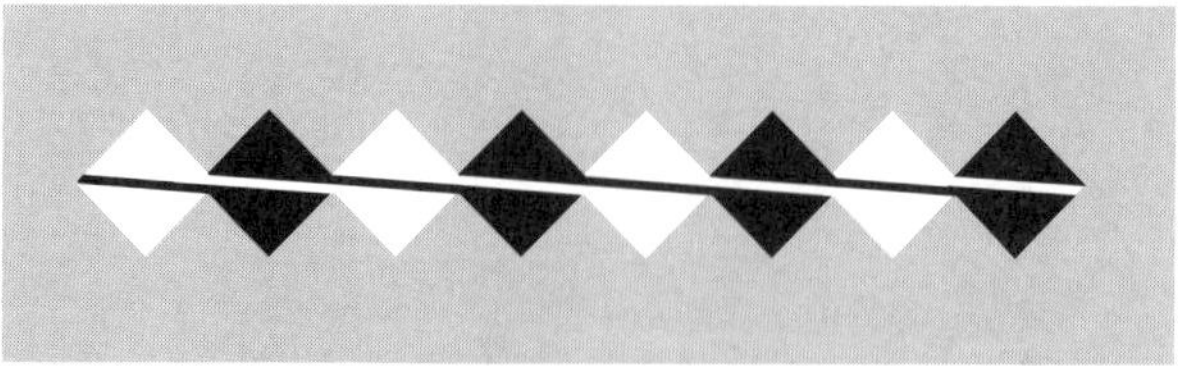

図2-5　フレーザーの錯視のエレメント

ということを確認できる。

この錯視がどうして生じるのかは、まだ完全には解明されていない。図2-5のエレメントは、図2-4のエレメントの一部を取り出してまっすぐに伸ばしたような構造をしている。図2-5全体は物理的には傾いていない。だが、読者の目には図全体がやや右に傾いているように見えていることだろう。

図2-4では、このような傾きの錯視を生じるエレメントを同心円状に配置することによって、らせんのように図の中心にエレメントが収束していく知覚が成立するのではないかと指摘されている。特定の構造をもつ対象は、実際にない傾きの知覚を引き起こし、さらにその構造を同心円的に配置すると、らせんの知覚が成立する――というわけである。

人間は他の動物に比べ、経験で学んだことを知識として保持することに長《た》けた生物種である。図2-4が、らせんではなく同心円であるという知識や、それと傾きの錯視との関係についての理解は、人間だからこそ得られる。別の言い方をすると、当初の見え方が刺激の物理的な特性とは乖離しているという知識は、人間だからこそ得られる。このことから、やはり、人間にはカエルや鳥よりは優れた点があるということもできるかもしれない。

しかし、再び図2-4を見たとき、まだ重大な問題が残っていることに、読者は気づくのではないだろうか。指でなぞってみて配列が同心円的であることが身体感覚として確認できたとしても、あるいは、この配列が同心円であることが知識として得られた後でも、この図はやはり同心円ではなく、らせんのように見えるのではないだろうか。

いくら図が同心円的な配置から成り立っているという知識が得られたとしても、視覚の処理における一種の「癖」によって、やはりこの絵は同心円ではなく、らせんとして見えてしまう。つまり、知識があっても錯覚は回避されないのである。

知覚や認知の過程に関して研究をしている者の多くは、古くからあるこの錯視を知っている。ところが、筆者のような研究者であっても、この錯視はやはり生じてしまう。どれだけ専門的かつ科学的にこの現象について理解していたとしても、錯視は実際に生じてしまうのだ。

刺激が特定の条件をもっているときに、それが実際にある通り（同心円）ではなく、別の特性をもったもの（らせん）として見えることは、知識によって修正されない。人間は確かに知識を得て、それを蓄えることができるが、それによって知覚体験を完全に矯正することは難しいのだ。知識による矯正が困難であることは、知覚の重要な特徴の一つである。

◇幾何学的錯視で分かる人間の知覚の曖昧《あいまい》さ

その他の錯覚の例をいくつか紹介しておこう。

よく知られているのは、幾何学的錯視といわれるものである。それは、図形をなしている要素の幾何学的な特性によって、図形の大きさや傾きなどが、実際とは異なって見えるような錯視の総称である。たとえば、物理的には等しい大きさの対象が、異なる大きさに見えてしまうような図形だ。大きさに関する幾何学的錯視の代表的なものに、矢羽根の角度によって線分の長さが異なって見えるミューラー・リヤー錯視（図2−6）や、傾いた線分で挟まれた領域にある線分が異なる長さに見えるポンゾ錯視（図2−7）がある。水平方向の線分が垂直線分よりも短く見える水平垂直錯視もある（図2−8）。線分などの角度に関する幾何学的錯覚としては、ツェルナー錯視がある（図2−9）。本来は整列している線分がずれて見える幾何学的錯覚には、ポゲンドルフ錯視がある（図2−10）。なお、本書で紹介している錯視の見え方には個人差がある。本書の図の条件では、錯視の生じにくい方もおられるかもしれない。

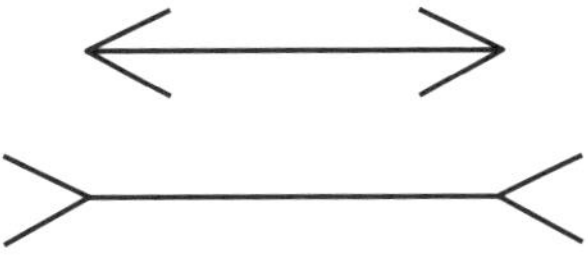

図2-6　ミューラー・リヤー錯視
水平の線分は上よりも下の図のほうが長く見えるだろう

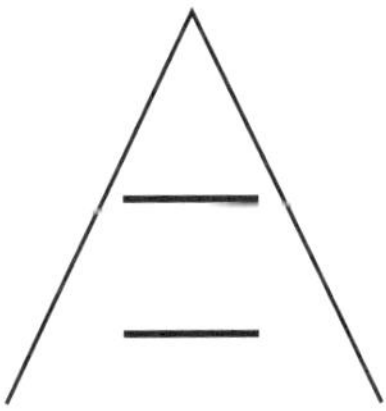

図2-7　ポンゾ錯視
水平の線分は下よりも上のほうが長く見えるだろう

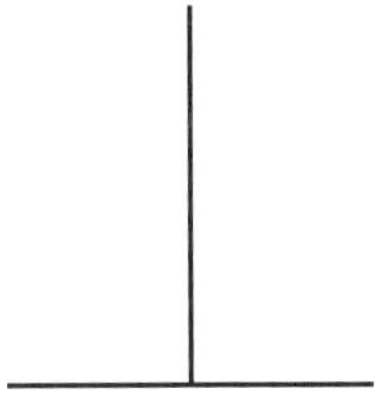

図2-8　水平垂直錯視
実際には同じ長さなのに、垂直の線分は水平の線分よりも長く見えるだろう

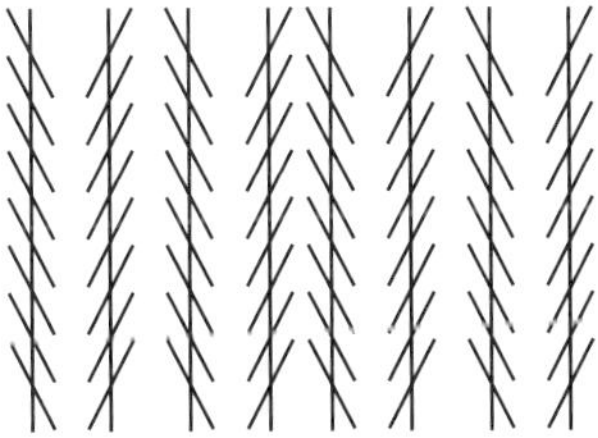

図2-9　ツェルノー錯視
垂直線が傾いて見えるだろう

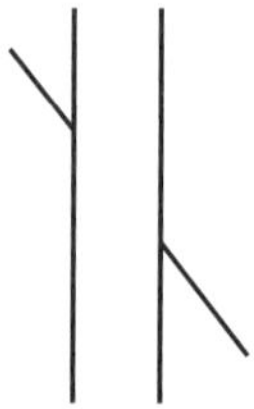

図2-10　ポゲンドルフ錯視
斜めの線は一直線上にあるが、ずれているように見えるだろう

定規などを当ててみると、見た目のずれや傾きが、実際には存在しないものであることが確認できる。こうした幾何学的錯視図形の観察から、特定の図形的特徴があれば、本来は（というか、物理的には）存在しないような大きさや角度の違いが見えてしまうことが分かる。このような幾何学的錯覚図形は数多い。私たちが見ていることが、多くの図形のパタンに従って、図形の物理的な特性とずらされているということもできるだろう。私たちの知覚は、なんと曖昧で頼りにならないものかと、あきれる読者もいるかもしれない。

多くの観察者にこうした錯視が生じることから、これらの幾何学的錯視を成立させている知覚のルールは、たいていの観察者（つまりは大部分の人類）の知覚の処理過程に共有されているものと考えられる。

◇不可能の三角形

次に、不可能の三角形という図を紹介しよう。

図2-11　不可能の三角形

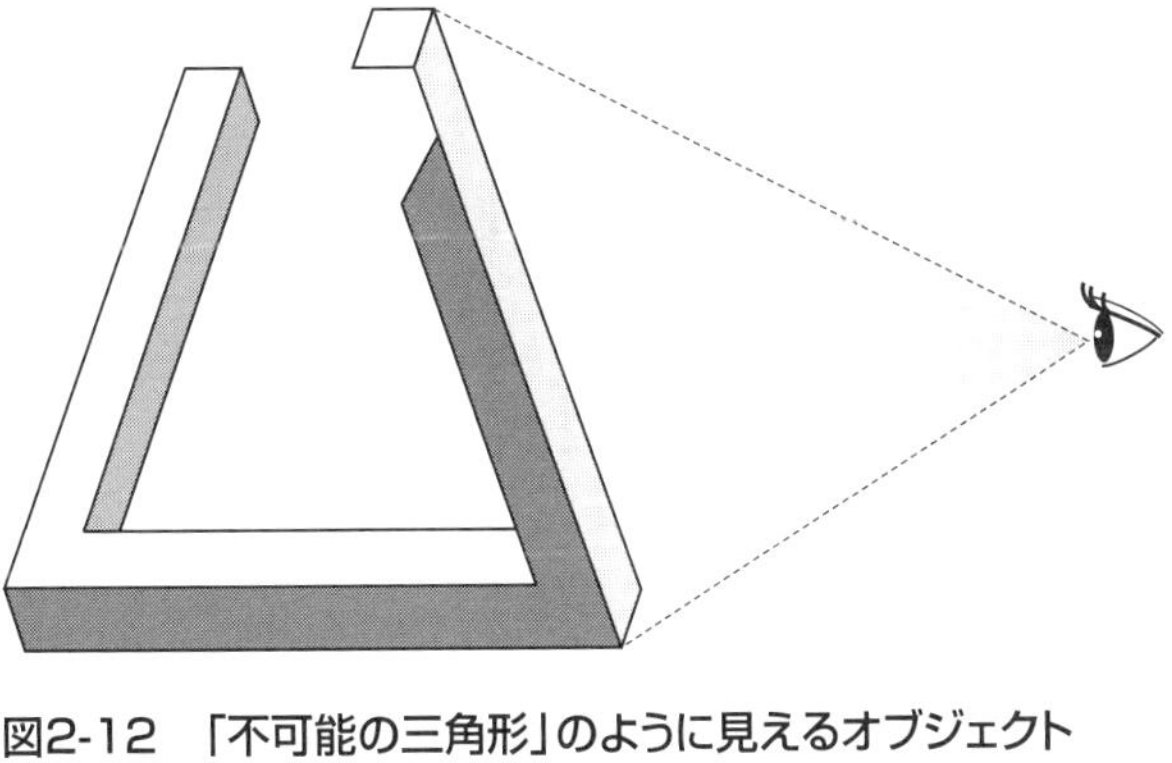

図2-12　「不可能の三角形」のように見えるオブジェクト

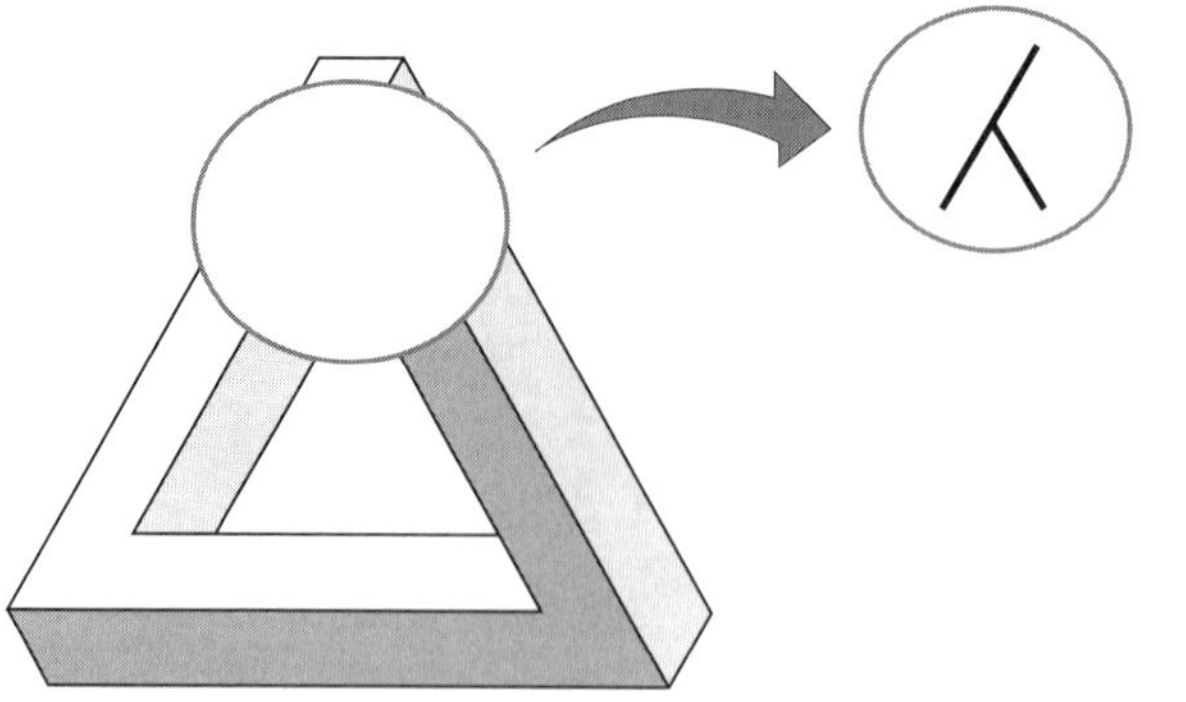

図2-13 「不可能の三角形」に見えるだろうか？ 右円中のT字型の交差は、視覚系に遮蔽についての情報を与えてしまう

図2-11を観察すると、本来成立し得ない立体形状が見えてしまう。しかし実際には、このような見え方をする図形を作ることは可能である。図2-12のような形状をある特定の視点から見れば、図2-11のような見え方をするのである。

ここで、図2-11を再び観察して、図2-12の示すように頂点部分に不連続があるオブジェクトに見えるか確認してみてほしい。図2-12のような見え方を助けるために、図2-11の頂点には、不連続な部分を示す線を描いてある。どうだろうか？

多くの読者にとっては、図2-11を、実際に存在し得る図2-12に描かれたようなオブジェクトであると見ようとしても、なかなかそのような見え方を成立させることは難しいだろう。やはり、全体としてはつじつまが合わない「不可能の三角形」として見えてしまうに違いない。これも、対象の構造についての知識があっても、知覚は修正できないことを示唆している。

ただし、図2-11にちょっとした細工を加えるだけで、それを図2-12のような図形だと見る方法がある。試しに、図2-11の一部を隠してみた（図2-13）。この図から、不連続部分、特に下から伸びてきた2本の柱が交差してT字型を形成する部分を隠すと、図2-12のような立体図形として見やすくなることが分かる。

以上の観察から、不可能の三角形が実際にあるように見えるためには、T字型の交差が重要な役割を果たしていることが理解できる。この交差から、視覚の情報処理過程は自動的に遮蔽《しゃへい》についての情報を抽出してしまうのだ（一種の錯視）。つまり、T字の脚の部分は、ふたの部分を境界とする領域によって遮蔽されているという情報を、視覚系に与えると考えられている。このT字型の局所的構造の特徴があると、視覚系は自動的に奥行き情報を抽出してしまうのである。

このように、不可能の三角形から、人間の知覚情報処理において、全体的なつじつまを無視して、局所的な特徴に従って立体形状の知覚を成立させているという特性を指摘することができる。

◇生物種に固有の知覚のルール

本章の冒頭で取り上げた動物と同様に、人間も実在とずれた知覚体験をしているのである。したがってそれに基づいて奇妙な行動を引き起こしていることもあり得るだろう。もし、宇宙のどこかに、人間とは別の情報処理を行なう知的生命体がいるならば、人間をいい加減な知覚情報処理の仕組みをもって、実際とは異なる世界像を構築している生きものとみるかもしれない。

どのような構造的特徴が、それぞれの生物種にとって重要であるか。また、どのような属性についての知覚処理が可能か——。これらは、それぞれの生物種によって異なる。人間における知覚と実在のずれは、カエルやツグミとは違うルールに基づいている。しかし、一定のルールで知覚が実在から乖離しているという点においては、同じである。

こうしてみると、知覚とはそれぞれの生物種が、進化の過程で獲得してきた方法によって、環境や、環境と自分との関係についての情報を取り出したり、作り出す過程ととらえることができる。私たち人間も、他の動物と同様に、世界そのものを体験しているわけではなく、自身の知覚や認知のシステムが独自のルールに則って構築している世界を体験しているのだ。そして、このように構築された体験は、ここまでみてきた事例が示すように、しばしば物理的実在とは乖離している。

このように乖離が視覚において顕在化するような図を「錯視図形」、その乖離現象を「錯視(visual illusion)」と呼ぶ。視覚だけではなく、他の感覚様相においても、知覚体験と物理的な実在との乖離が生じる現象のことを「錯覚(illusion)」と呼ぶ。つまり、錯視は錯覚の一部である。

第1章で、論理的整合性や物理学的研究に基づけば、時間の方向性や「いま」という特別な時点が自明ではないことを述べた。それらを、空間的広がりとともに私たちにとって意味あるものにしているのは、地球上という特定の時間的、空間的特徴をもつ環境での進化の過程で獲得された、私たちの体験の基礎にある知覚や認知のシステムやそのルールの特性なのかもしれない。

こうした進化論についての主張の成否を、実験心理学的な手法によって実証科学的に検証することは簡単ではない。しかし、人間を含む多くの動物において、知覚されている事柄と物理的実在とが乖離していることを示す多くの事例からいえば、時間に関しても生物種固有の仕方で構造化がなされていると考えるのは理にかなったことだろう。実際、私たちが事象の時間的特性について知覚的に体験する内容が、物理的な時間特性と乖離していることは、これまでの実験心理学的研究によって示されている（詳しくは第4章）。

◇時間に関わる錯覚

これまで紹介してきた錯覚は、空間的形状に関するものだったが、錯覚には、空間的形状に関するものだけではなく、時間に関わるものがある。タイミングや時間順序に関わるような錯視や錯覚については次章以降で紹介することにして、ここでは時間と空間の両方に関連する事象つまり「運動」に関する錯覚について紹介する。

通常、運動は、ある特定の物体が特定の距離を、一定の時間をかけて移動することと定義される。

空間的形状に関しては、特定の構造的特徴があれば、実際とは異なる知覚体験が成立することをみてきた。運動についての錯覚でも、特定の構造的特徴に関して同じような特性がみてとれる。

本来、運動は単位時間あたりの位置の変化によって規定できる。ところが、物理的な位置変化はないにもかかわらず、動きの知覚が成立することがある。これは「運動錯視」と呼ばれて

図2-14　オオウチ錯視

いる。

たとえば、図2-14は1970年代に日本人のオプ・アーティストによって作られたオオウチ錯視と呼ばれている図形をもとに作成したものである（オプ・アートとは、知覚の特性を利用した芸術の一分野の名称）。この図をしばらく凝視していると、本来は動いていないにもかかわらず、やがて中央の小さな円形の部分がより大きな円からなる背景の上でゆらゆら動いているように見えたり、小さな円と大きな円とがそれぞれ異なる動きをしているように見えたりする。この錯視の成立には、粗さや方向の異なる格子模様の重なりが、重要な役割を果たしていると考えられている。

この動きの内容には個人差があるようだ。も

図2-15　フレーザー・ウィルコックス錯視

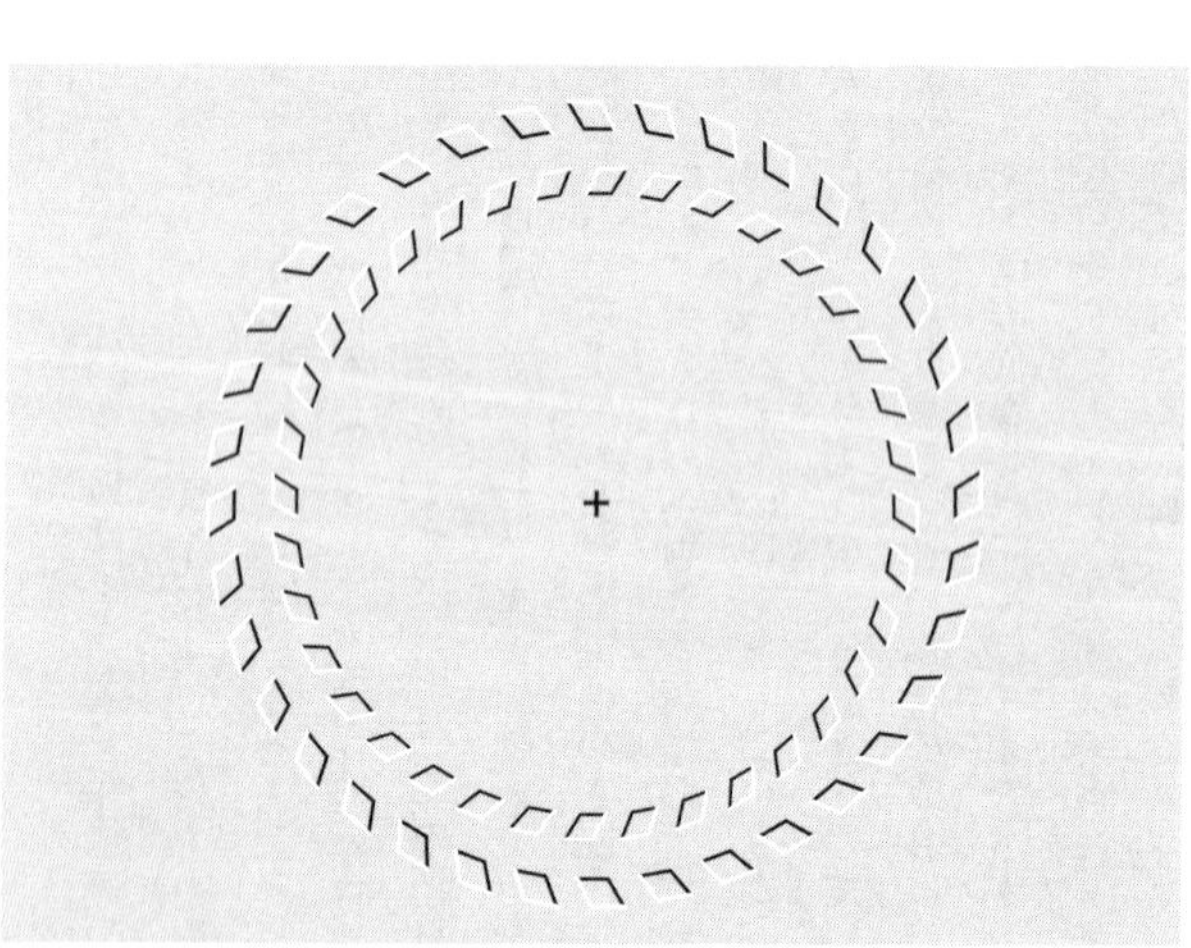
図2-16　ピンナ・ブレルスタッフ錯視

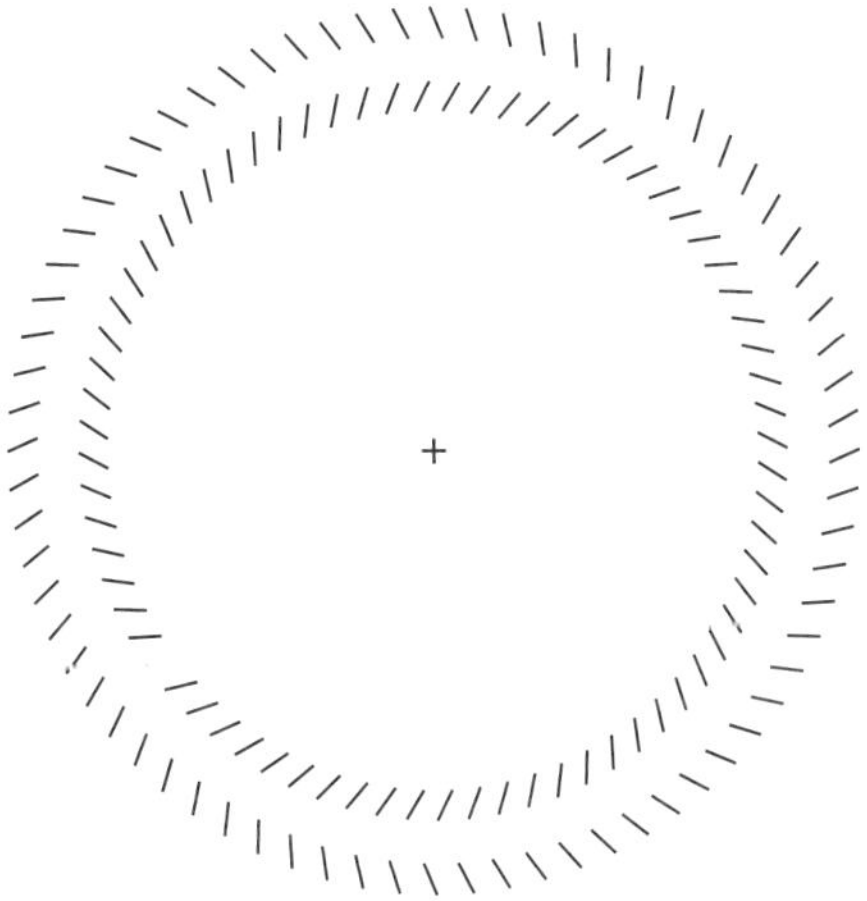

図2-17　斜め線分からの運動錯視

し運動錯視らしきものが成立しない場合、本を上下か左右に細かく動かしたり、観察距離を変えたりして試してほしい。

図2-15は、1979年に見つかったフレーザー・ウィルコックス錯視と呼ばれる錯視を基に作成したもので、周辺視野で生じる運動錯視である。

この図の下のタイトルを読みながら観察すると、図中には実在しない運動が見えるだろう(じわじわとした動きなので、照明条件によっては動きがはっきりとは見えないかもしれない)。錯視図形を構成するエレメントの内部に明るさのグラデーションがあると、この錯視が生じるようだ。

図2-16は2000年に初めて報告されたものをもとに作成した図で、一般的には報告者の

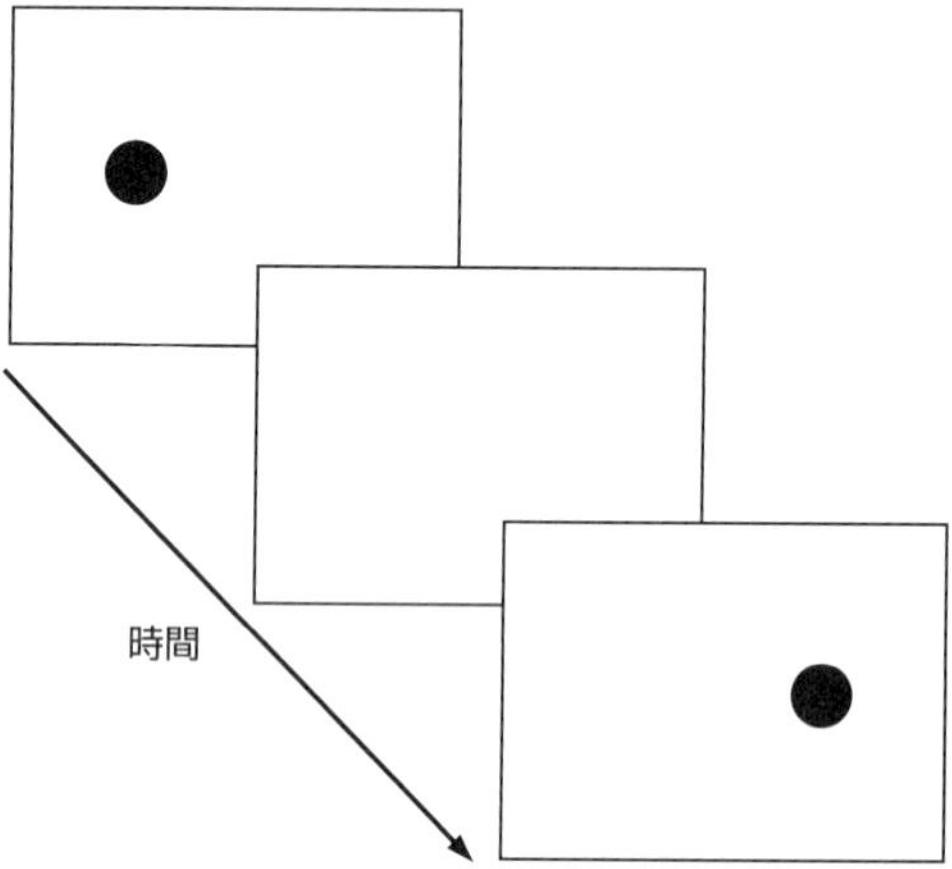

図2-18　仮現運動

名前からピンナ・ブレルスタッフ錯視と呼ばれている。中央の十字を注視しながら絵に近づいたり遠ざかったりすると、同心円状に配列されたエレメントが回転して見えるという錯覚である（たとえば、10センチほど近づきながらこの図を観察した場合、内側の円は時計回り、外側の円は反時計回りに回転して見える）。

なお、筆者は、共同研究者の政倉祐子氏、宗近孝吉氏とともに、同様の運動錯視は、平行四辺形のエレメントではなく、斜めの線分を並べただけでも生じることを見出した（図2-17）。自分たちでこのような錯覚の特徴を見つけておきながら、21世紀の今になってこのような単純な原理で、これだけはっきりした運動錯視が発見されるという事実にも驚かされる。

ここまで紹介してきた運動錯視も、多くの幾何学的錯視と同様に、どうして生じるのかがまだ完全には解明されていない。ただ、こうした運動錯視の現象から、特定の図形的特徴があれば、本来は存在しない動きが見えるということは理解できるだろう。

図2‐18は、時系列の進行に従って視覚刺激を出した場合を、模式的に描いたものである。白い背景の上に黒い円を、一定の時間を挟んでやや異なる位置に提示したとする。このとき、挟まれる時間間隔と二つの刺激の空間的距離が適当な範囲に収まっていれば、私たちには一つの黒い円が移動したように見える。このような現象を「仮現運動」と呼ぶ（仮現運動については、第6章に載せた「パラパラ・アニメ」を実際にめくり、試してみるとよく分かるだろう。パラパラ・アニメの説明は第4章）。これも一種の運動錯視である。

日常的にはあまり意識されていないことだが、テレビやパーソナルコンピュータのディスプレー上には、実際には動いている物体は何も存在していない。にもかかわらず動画像を提示できるのは、実はディスプレーという情報伝達媒体が、この仮現運動という錯視を利用しているためである。これは、人間の知覚の特性を利用して情報コミュニケーションの可能性を広げた事例とみることができる。

様々な錯視現象を引き起こす原因や、その現象の基礎にあるメカニズムについては、まだ完全には解明されていないが、錯視を利用した技術は、私たちの日常生活にすでに深く広く浸透しているのである。私たちの知覚の特性を理解することによって、現在ある道具は、将来さらに改善されることになるだろう。

なお、運動錯視については、第4章でも再び触れることにする。

◇錯覚の共有

ここまで紹介してきたような物理的実在と体験とのずれに気づくと、人間の知覚はいかに当てにならないものか、と思うかもしれない。「人間はいい加減だな」と思う読者もいるだろう。物理的実在と寸分違わない測定を行なう機器を作り出すことは、多くの分野において可能だろうし、そうした機器と比較すると、確かに、人間の知覚系はいい加減にみえてしまうかもしれない。

しかし、ここで重要なことは、ここまでに紹介してきたような錯覚の体験を、人間が共有できることなのだ。本来は存在しないような動きが見えたり、本来は存在しないような大きさや角度の違いが見えたりという体験が共有できるということは、物理的特性からの知覚のずれ方が人間という動物種に固有で、しかも個体に共通の特性に基づいているということでもある。

それは、知覚体験と物理的実在との間のずれ方に、種としての人間に一般化できる規則性があるということを意味している。

知覚体験と物理的実在のずれ方に何らかの規則性があるとしたら、人間であれば誰にでも共通する特性があるならば、それは「いい加減」ということで切り捨てられるようなものではなくなる。

こうした知覚の仕組みは、進化論的視点からすれば、それぞれの種がその生活環境の中で生き残るうえで獲得してきたものである。いわば、何万年にもわたる適者生存のテストをくぐり抜けてきた、優秀な仕組みとみることもできる。

一見、動物や人間の知覚の仕組みは奇妙で不完全なものに思えるかもしれない。しかし、それらは、この環境において生き残るうえで、十分なお墨付きを得たシステムなのである。

◇月の錯視

ここまでみてきたように、知覚において体験される内容は、ずいぶん実在と異なる。動物や人間は、ある特定の特徴をもっていれば、そこに実在しない特性も知覚できる。他方、その特定の特徴が手に入らなければ、知覚は成立しない。

すでに古くから知られている錯視でも、完全に理解されたものは数少ない。多くの研究者の努力によって、錯視の量に大きな影響を及ぼす要因は次々と見つかっている（たとえば、図2-6のミューラー・リヤー錯視の場合、矢羽根の角度や長さなどを変化させると、錯視の量も大きく変化する）し、いくつか有力な説明はある。ところが、有名な錯視でも、どうしてそのような錯覚が生じるのか、まだ完全には理解されていないものもあるのだ。

もっと古くから知られている錯視についても紹介しておこう。

月の錯視というものをご存じだろうか？　たいていの人に心当たりがあるだろうが、月は地平近くにあるほど大きく感じられる。地平近くに月が昇る（あるいは沈む）のを見て、その異様な大きさにぎょっとした経験は、ほとんどの人がもっているのではないだろうか。ところが、天頂近くにある月はずいぶんと小さく感じられる。この、月の高さによって大きさが異なって見える現象は、実は錯視なのである。月は（その網膜像も）、地平近くにあるときも天頂近くにあるときも、まったく同じ大きさである。

この錯視は月に対してだけ起こるわけではない。太陽も、あるいはオリオン座のような星座も、天頂近くに位置するときよりも地平近くにあるときのほうが大きく見える（こうした現象を総称して「天体錯視」と呼ぶ）。

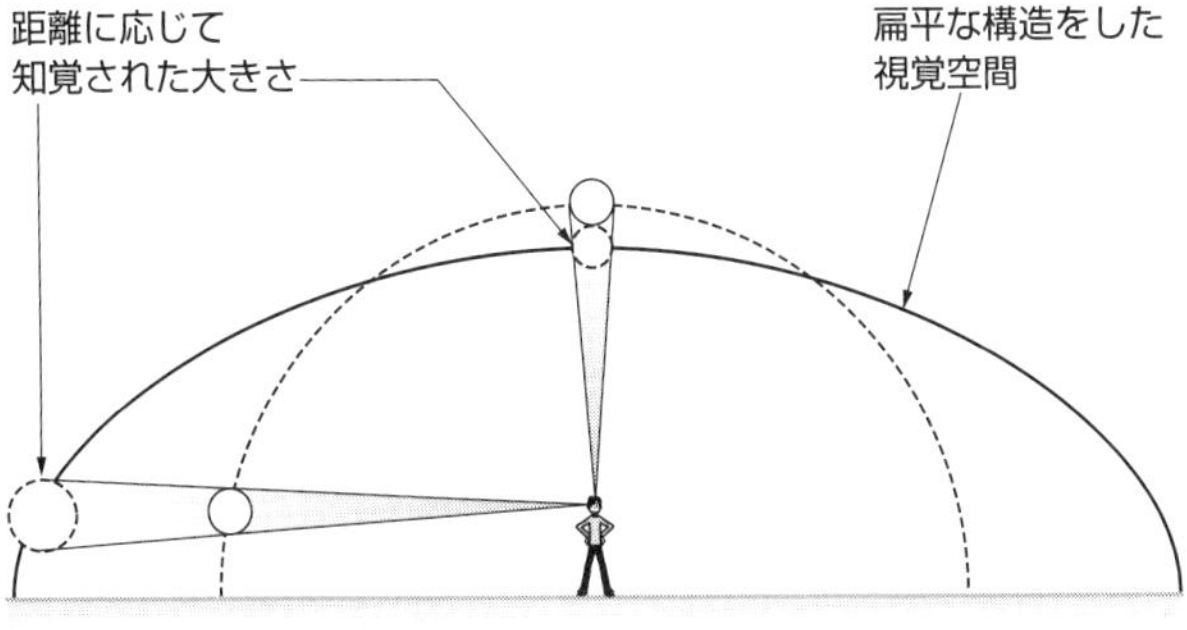

図 2-19　扁平な視覚空間

このことは、実は古代ギリシアのころから知られている。たとえば、アリストテレスも、この現象の原因について考察している。もっとも彼は、光の屈折によって実際に地平近くにある月の網膜像が大きくなると考えていたので、この現象を錯視とはみなしていなかったようだ。

月の錯視については、いくつかの有力な説明が存在している。たとえば、視覚空間の構造における特性に基づいて説明されることが多い。

実は、これまでの多くの研究によって、視覚空間は扁平《へんぺい》な構造をしていることが知られている（図2-19）。人間の知覚にはこのような特性があるので、垂直線は水平線より長く見える。同じ5メートルの棒であっても、垂直に立てたほうが、地面の上に水平に置いたときよりも長く見えるのだ。

月の錯視の場合、天頂近くの月も地平近くの月も網膜像の大きさは同一であるが、視覚空間においては地平近くのほうが遠くに感じられることになる。網膜上の大きさ（視角）が同じであれば、遠くにあるもののほうが大きいことになる。確かに、視覚空間の歪《ゆが》んだ構造は、月の錯視のある程度の部分を説明できるようだ。

ただ、視覚空間の異方性以外にも、月の錯視に影響を及ぼす要因はある。たとえば、対象を見上げるか、目の高さで注視するかによって、錯視の程度は変化する。この現象から、眼球運動を司る眼筋の緊張に関する情報が、見かけの大きさに影響していると主張する研究者もいる。また、絵画に描かれた月の観察においても月の錯視が生じること、観察の際の視線方向は錯視の量に影響を及ぼさなかったことなどから、水平線と円形の刺激が提示され、それらをそれぞれ地平と月とみなすという認知的な過程が、月の錯視の成立に寄与しているとする研究者もいる。

このように、月の錯視については、実験に基づく色々な仮説が立てられている。しかし、どのような理由で生じているのか、誰もが納得する説明はまだなされていない。有力な仮説があっても、それだけでは説明できないような現象の存在が指摘されている。視覚空間の歪みや眼球運動による寄与など、単独の原理だけでこの錯視を説明するのはどうやら難しそうである。

以上のように、古くからよく知られている錯視でさえ、十分に解明されているわけではない。むしろ、大半の研究者が満足するような説明がなされた錯視のほうが少ない。ほとんどの錯覚については、論争がまだまだ続いている。こうした状況は、人間が自身の特性について十分には知らないことを物語っている。

◇新しい錯視の発見

すでに何度か言及してきたように、毎年、いや毎月のように新しい錯視が発見されている。現在ほど速いペースで様々な錯視が見つかるのも、人類史上初めてのことだろう。どうしてこのような状況になったのか。

まず、人類が自分の知覚の特性に興味をもつほど生活に余裕が出てきたということがある。しかし、何よりも技術の発展が大きい。

かつては、それなりのテクニックがなければ正確な作図はできなかった。しかし現在では、特別な技能をもたない人でも、パーソナルコンピュータと簡単なお絵描きソフトがあれば、様々な映像を思い通りに描ける。そのため、特に技能がなくても、映像を操作できる人が増えている。

映像に触れる機会が多いと、ふとした偶然で新しい現象が見つかることもしばしば起こる。新しい錯視かもしれないと思える現象を見つけた場合、特別な技能をもたなくとも画像の要因を様々に変えて、それを確認することが可能だ。その結果、様々な視覚現象がかつてない頻度で見つかっている。現在、錯視研究は、まるでゴールドラッシュを彷彿《ほうふつ》とさせる状況なのだ。

実際、知覚や認知の研究をしている筆者でさえ、びっくりするような錯視が、21世紀の現在に新たに見つかるのである（そのいくつかは第4章や第5章で紹介する）。古くから知られている錯視でさえ、まだ説明が完全になされていないのに、次から次へと新しい錯視や現象が発見されていく――。この分野に関わる研究者としては、宿題がどんどん増えているような気分である。

ただし、これは研究者のみに課された宿題というわけでもない。問題は、人間一般の知覚に関わっている。つまり、人間であれば誰もが関係している問題だ。人類全体に課された宿題といってもよいだろう。

◇現代の研究者の責任

現在は、錯視の発見のゴールドラッシュのような状況だと書いた。単純に確率的判断をすれば、こういう人類史上稀《まれ》な時期はそうそう長くは続かないかもしれない（これまで特殊だったことは、これからも特殊になる可能性がある）。

将来にわたって、錯視や人間の知覚、体験の特性を今のように調べられる時期が続くかどうかは分からない。たとえば、エネルギー問題や環境問題が高じて、パーソナルコンピュータのような便利な道具が使えなくなる時代が来ないとも限らない。

また、現在がいくら知覚研究におけるゴールドラッシュといっても、このような基礎研究を進められるのが当然というわけではないことも忘れてはなるまい。日本の少子化が高じて大学のような研究機関の運営がままならなくなってしまったら、知覚の研究のような基礎研究は日本でも難しくなってしまうかもしれない。そもそも、見たり、聞いたり、感じたりということを調べることで、生活の糧が得られるなんて、人類の歴史を考えてみると、とても稀な事態だということはすぐに分かることだろう。

しかし、知覚の特性を知ることは、人間が自身を理解するうえで大きな意味がある。またそれだけではなく、生活の質を向上させたり、生活の中に潜む様々な危険への対処にも役に立ったりする可能性がある。

筆者は、錯視を調べることが可能なうちに、でき得る限り理解を進めることが、知覚や認知の仕組みに関する基礎研究を行なう者の責務だと考えている。それは、現代社会に対する責任にとどまらず、過去および将来の人類に対する責任でもあるといえるだろう。

第３章　時間に関わる知覚はどう処理されるか

◇脳の時間的限界

目の前に何かが現われたとき、まったく間髪入れずにそのものが見える。私たちは普段何の疑問も抱かずに、そう感じている。しかし、実は私たちの知覚の情報処理には一定の時間がかかっており、知覚が成立するのは生体が刺激を与えられてから少しばかり後になる。

たとえば視覚の場合、網膜に光が当てられてから、視覚情報処理に関わると考えられる大脳皮質の領域にまで刺激が伝達されるのに、どうしてもある長さの時間が必要である。なぜなら、刺激が網膜から視神経を経て大脳皮質に伝達され、そこで知覚を成立させるための処理を行なうのに一定の時間を必要とするからである。いくらその生物の進化が進んだとしても、この時間は、決してゼロにはならないだろう。

◇ニューロンにおける活動電位の時間特性

個々の神経繊維における情報の伝達は、ニューロンすなわち神経細胞（図3-1）の内外のカリウムイオンとナトリウムイオンの濃度変化に基づいて行なわれる（図3-2）。

細胞の内側と外側は、細胞膜で仕切られている。生きている神経細胞であれば、細胞膜の内側は外側よりもマイナスに偏った電位をもつ。この細胞の内側と外側との間の電位差は、細胞の内外でのイオンの組み合わせと濃度が異なることに基づく。すなわち、神経細胞の内側にはプラスの電位をもつカリウムイオンが多く、外側には同じくプラスの電位をもつナトリウムイオンが多い。

通常の状況にある神経細胞は、カリウムイオンだけを通す穴（チャンネル）を開いている。ところが、神経細胞が興奮すると、ナトリウムイオンのチャンネルが1ミリ秒（ms、1msは1秒の1000分の1）ほど開く。すると、細胞の外側のナトリウムイオンが細胞内に流れ込む。

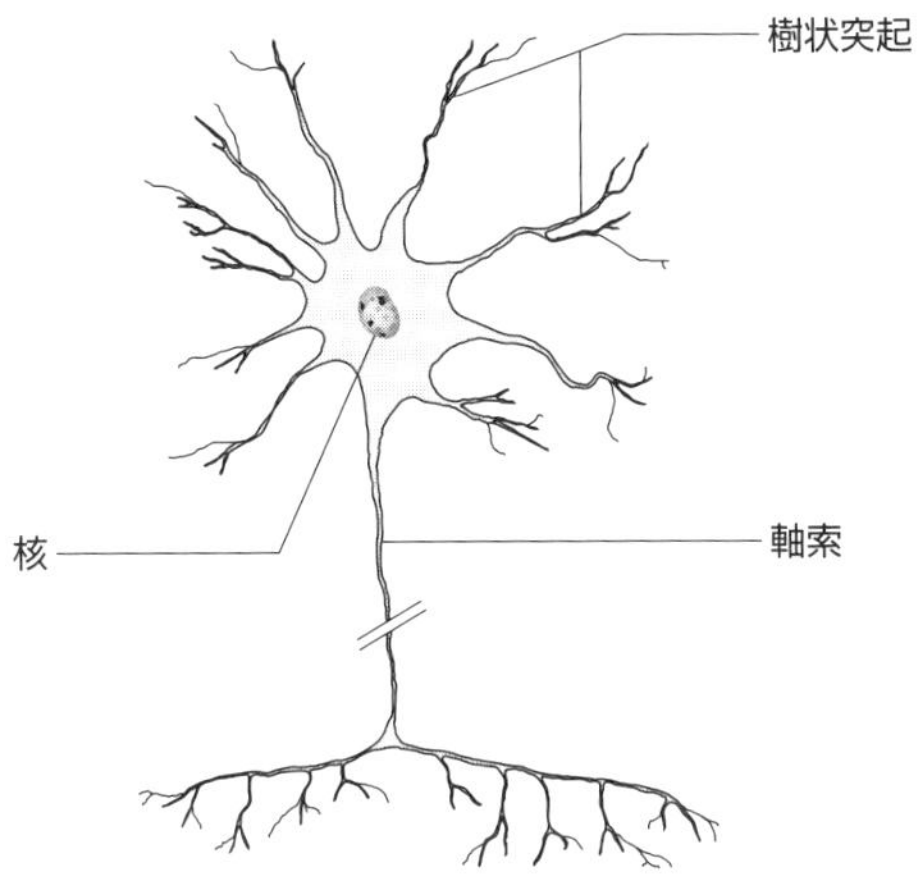

図 3-1　神経細胞

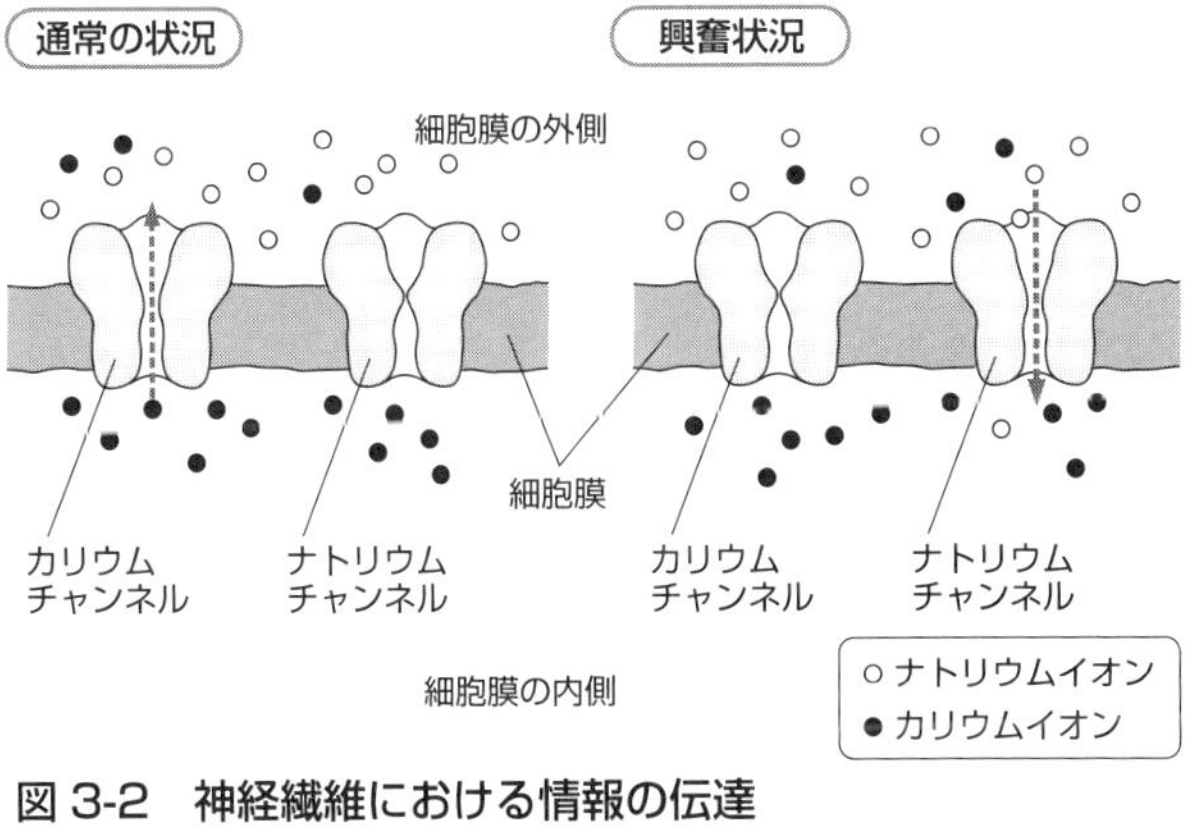

図 3-2　神経繊維における情報の伝達

この際、細胞の内側がプラスに偏った電位をもつことになる。1ミリ秒後にはナトリウムチャンネルは閉じられ、再びカリウムチャンネルが開き、細胞内外の電位は元に戻る。

この一過性の電位変化は、個々の神経細胞における「活動電位（インパルス）」と呼ばれている。

神経細胞のある場所で活動電位が発生すると、その場所はプラスに偏った電位をもつことになる。そこに隣接した場所の電位も、わずかにプラスのほうにシフトする。このシフトの大きさがある一定のレベル（閾値《いきち》）を超えると、その場所のナトリウムチャンネルも開き、活動電位が発生する。さらに隣接した場所でも電位変化が起こり……という具合に、ドミノ式に活動電位が伝播《でんぱ》される。伝播すべき距離が長いほど、伝播に要する時間も長くかかる。

なお、いったん活動電位が生じた場所は、一定の期間（約3ミリ秒）の間は再び興奮することができない。この期間のことを「不応期」と呼ぶ。この不応期があるために、興奮が元の方向に戻ることはなく、一方向に伝播される。

◇軸索における情報伝達にかかる時間

電位変化は、次々と神経細胞の軸索を伝わっていく（図3－3）。軸索とは、信号を伝達する

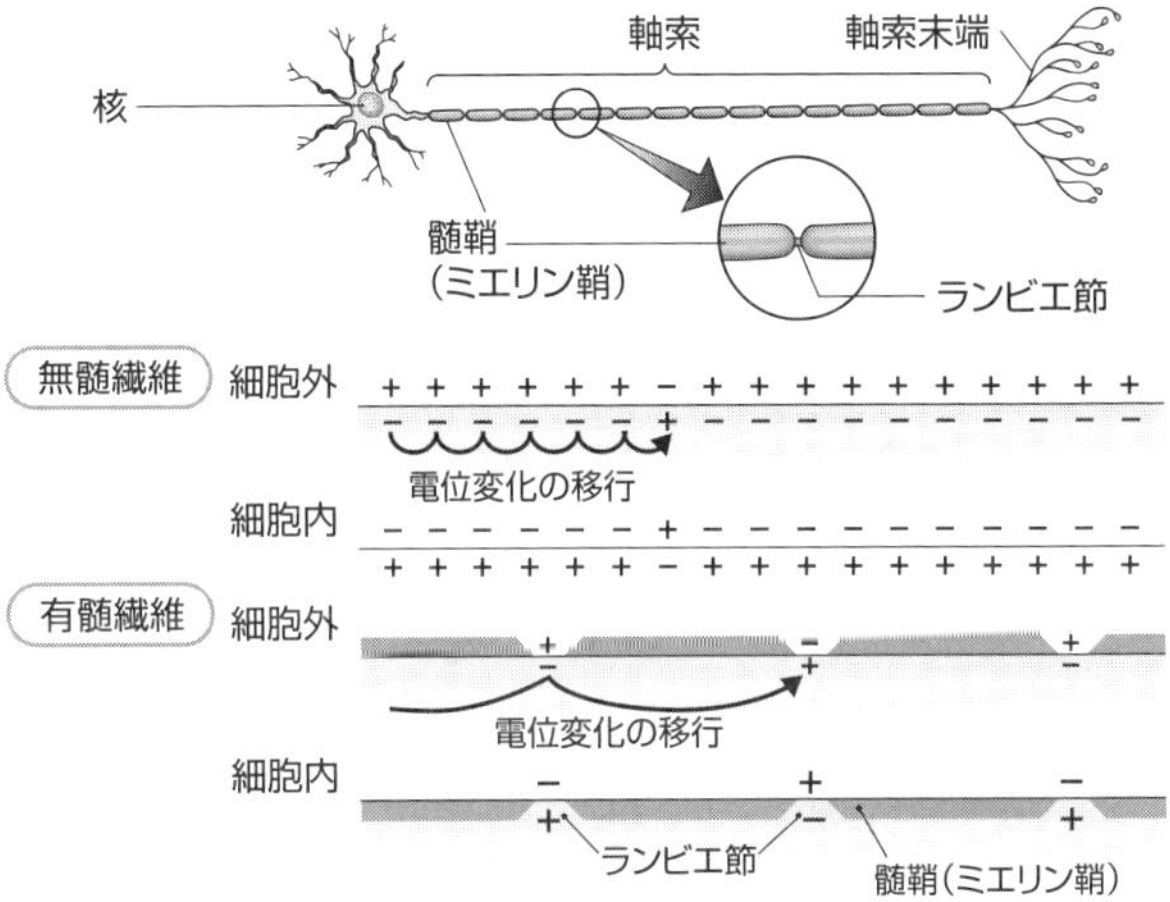

図3-3　軸索における情報伝達

パイプのようなものである。

軸索における伝達速度を決める要因の一つは神経繊維の太さであり、太いほど伝達速度は速くなる。また、絶縁性の髄鞘《ずいしょう》で覆われた軸索は、髄鞘をもたない軸索よりも伝達速度が速い。髄鞘をもつ神経繊維のことを「有髄繊維」と呼び、もたない神経繊維を「無髄繊維」と呼ぶ。一般的に、有髄繊維は高等動物にみられる。

同じ太さの軸索であれば、無髄繊維よりは有髄繊維のほうが活動電位の伝達速度が速い。これは、髄鞘をもつ神経繊維では、インパルスが絶縁物質のくびれ部分（ランビエ節）にのみ発生し、くびれからくびれへと飛び飛びに伝わっていくためだ。

有髄繊維の軸索におけるインパルスの伝達速度は、軸索の太さにも依存するが、太い繊維では最速120メートル／秒程度になると考えられている。他方、髄鞘をもたない軸索の場合は、0・5〜2メートル／秒程度の伝達速度となる。

有髄繊維においては、かなり速い速度でインパルスが伝達される。ただし、神経活動の伝播は軸索における伝播だけを考えればよいというわけではない。神経活動は、いくつもの神経細胞を経て伝播するからである。いくつもの神経細胞の間を、神経活動がリレーのように伝わっていくような状況と考えられる。

神経細胞どうしのつながりは「シナプス結合」と呼ばれる結合様式をもっている。そこでは、どのように情報の伝達が行なわれているのかをみてみよう。

◇シナプス結合における情報伝達の時間特性

軸索の末端は、こぶ状に膨らんだ形をしており、シナプスと呼ばれる。このシナプスが次の神経細胞と密着しているのか否かに関しては、長い論争があった。現在では、シナプスは次の神経細胞と密着しているのではなく、数万分の2〜4ミリほどのすき間（シナプス間隙《かんげき》と呼ばれる）があることが分かっている。

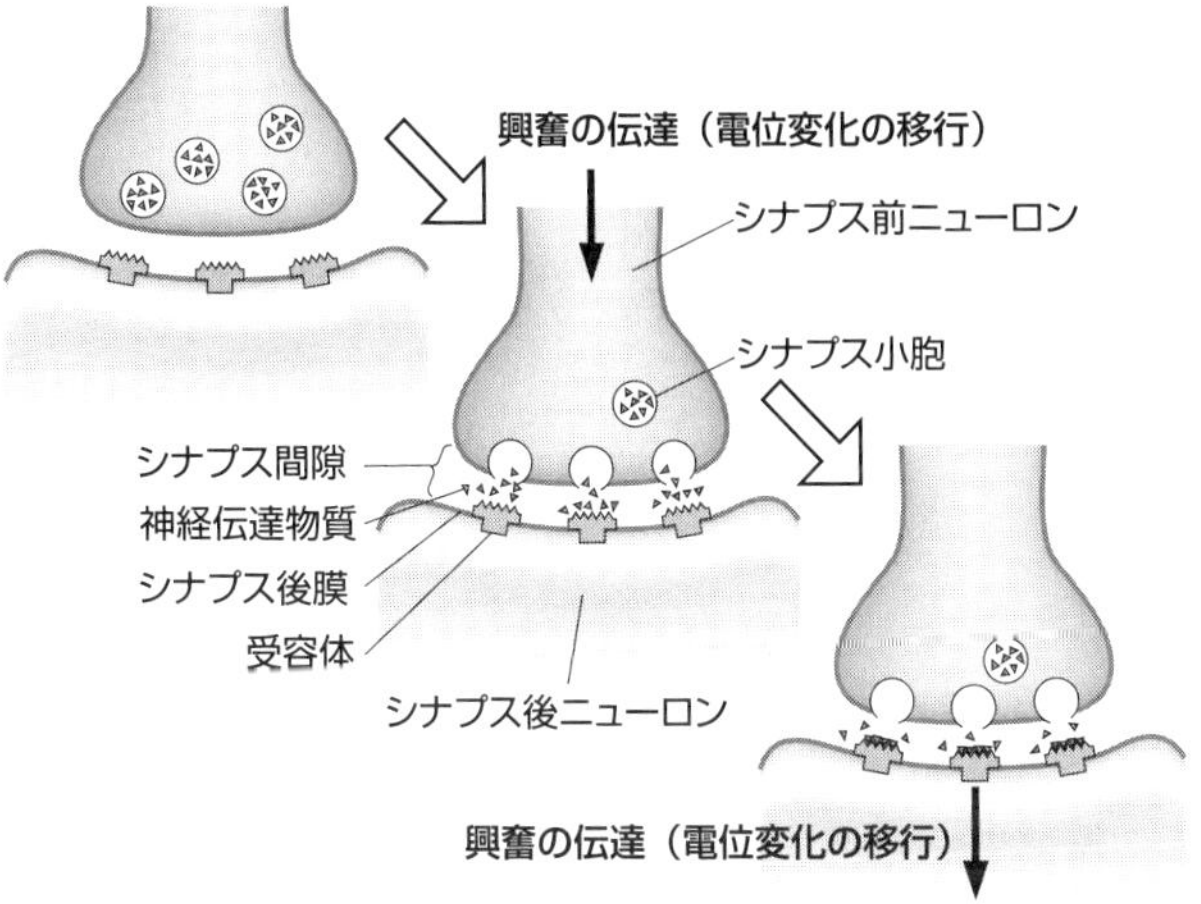

図3-4　シナプスにおける情報伝達

軸索を伝わってシナプスまで電気信号が伝わってくると、シナプスにある小胞から様々な化学的物質（神経伝達物質と呼ばれる）がシナプス間隙に放出される（図3-4）。神経伝達物質が、次の神経細胞の細胞膜にある受容体に結合すると、電気信号が生じて情報が伝達される。

前述のシナプス結合とは、神経伝達物質によって情報をやり取りする部分の神経間の結合のことである。そこでの伝達時間は、少なくとも0・1〜0・2ミリ秒程度かかっているものと考えられている。神経活動を伝播する細胞体の数が多いほど、活動電位の伝達には長い時間がかかる。

ここまでみてきたように、神経回路が長か

ったり、伝達に多くの神経細胞が関わるほど、情報伝達に要する時間が長くなる。目や耳が刺激されてから、それが脳に伝えられるまでには、それなりの時間がかかるのだ。さらに、その刺激によって知覚が成立するためには、脳内での処理が介在する。これにも、いくらかの時間がかかる。

私たちが見たり聞いたりしている光や音は、実は少し過去に現われたものである。私たちの知覚は、常に少しばかり遅れているのだ。

◇知覚の遅れ

刺激が与えられてから、それに対する意識的な運動としての反応が起こるまでにかかる時間を、反応時間（reaction time 略してRT）という。

E・ペッペルは、音や光を感じたらすぐにキーを押すという単純反応時間の測定実験を実施し、聴覚刺激に対して0・13秒、視覚刺激に対して0・17秒という平均値を得た。当然のことながら、この測定値には知覚の処理時間だけではなく、キー押しのための身体的運動に必要であった時間も含まれている。しかし、視覚刺激に対しても聴覚刺激に対しても同じキー押しをさせた場合、運動に関わる時間はどちらの場合にも同様であったと考えられる。したがって、ペッペルの得た測定値は、聴覚の処理時間は視覚のそれよりも少しばかり速いことを意味するものとみなせる。

実際、他の研究者たちによる多くの研究も、視覚の処理は聴覚の処理よりも遅いことを示している（このことについては次章でも再び取り上げる）。ご存じのように、物理的には光は音よりもずっと速く空間中を進むが、知覚においては、光の知覚情報は音の知覚情報よりもゆっくりと処理されているのだ。

光が網膜の視細胞に当たっても、その瞬間に光の感覚が生じるわけではない。光が視細胞における神経活動を開始させた後、多くの神経を伝わって大脳が刺激され、視覚体験が成立するまでには、少なくとも約0・1秒の時間がかかっている。

もっとも、普段の生活で、このような視覚の時間の遅れを感じることはほとんどないだろう。人間の知覚の特性は、時間の特性を含めて、地上で歩いたり走り回ったりする生活パタンに合わせて、進化の過程で獲得されてきたものと考えられる。そのような生活パタンの中では、時間のずれが明示的に体験され、それが何らかの不具合につながるようなケースは稀だろう。

しかし、実際にはこの遅れは常に存在している。また、このずれは、観察対象や観察者自身の状態に関わる様々な要因によって大きくなったり小さくなったりする。この知覚的処理時間は、知覚の神経回路の伝達時間や大脳での処理時間に依存している。

神経回路における伝達時間は、前述したようなイオンチャンネルを介した物理的現象に基づく。回路が長くなるにつれて伝達時間も長くなる。伝達のための距離が短かったとしても伝達時間がゼロになることはない。

人間よりも小さいサルの場合、各感覚器から大脳皮質の知覚領域までの神経のユニットの数は、人間とそれほど変わらない。しかし、その神経回路の長さは、ずいぶん短い。そのため、感覚器から大脳皮質までの情報の伝達にかかる距離は、人間よりも短いと考えられる。そのうえ、大脳皮質における処理も人間よりは単純かもしれない。そうなると、大脳皮質における処理時間も短いに違いない。

また、知覚の処理時間は、刺激の強度によっても変わり得る。一般的には、刺激強度が弱いほど、処理時間は遅い。また、刺激強度に対する背景ノイズの強度によっても、処理時間は変化する。

人間に関しては、視覚的な反応時間は個人によって大きく異なることが知られている。これは、神経回路の長さのような生理的な構造の違いだけではなく、「何かがあった」と判断する際の基準や、課題への慣れなど、様々な要因によるものと考えられる。

◇反応時間を簡単に測る

反応時間は、簡単に測定できる。ここでは、誰もがもっているような道具を使ってできる、反応時間の測定の簡単な方法を紹介しよう（図3−5）。読者も様々な条件のもとで、自分自身の反応時間の特性を調べてみるといいだろう。

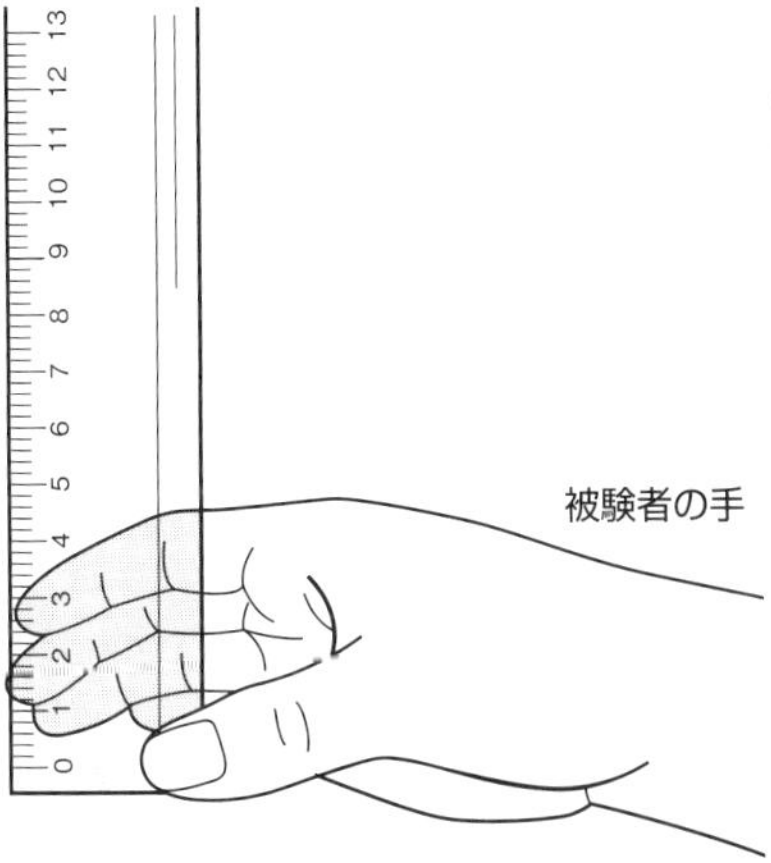

図3-5　定規を使った反応時間実験

用いる実験装置は30センチ以上の長さの定規1本である。木製、プラスチック製、金属製でも構わない。必ず、反応時間を測定される人（被験者）と実験者の2人1組で実施する。

実験者は定規の目盛りの上限あたりの部分をもち、0センチの目盛りが下方になるようにぶら下げる。被験者は0センチの目盛りの部分で親指と人差し指（または中指）の間隔を5センチほど広げて待つ。実験者は、適当なタイミングで定規を手放す。被験者は、物差しが落ちはじめるのを見たらできるだけ早く親指と他の指とで定規をつかむ。

実験者は、被験者がつかんだ定規の目盛りの値（Scale）をミリ単位で記録する。10回程度これを繰り返して、各回の測定値から、定規が落とされてからつかむまでの反応時間を計算する。定規の材質によらず、反応時間（ＲＴ）の計算には次の式が使える。

$$RT(\mathrm{sec}) = \sqrt{Scale(\mathrm{mm})/1000/4.9}$$

実験を行なう部屋の照明条件、被験者の体調、年齢、姿勢、携帯電話使用、集中度、測定場所など、反応時間に影響を及ぼしやすい要因の効果を検討してみるとよい。

たとえば、照明条件に関しては、暗い部屋と明るい部屋とでは、暗い部屋のほうがずいぶん反応時間が長くなることが分かるだろう。携帯電話などで誰かとしゃべっているとき、あるいは、そばにいる人と直接会話しているときも、かなり長い反応時間が得られる。実験に集中しているときと、話しているときとでは、反応時間にかなりの差が存在する。

なお、被験者や観察条件によっては、30センチ定規では満足な結果が得られないかもしれない。その場合には、より長い棒に0センチの目印だけをつけておき、被験者がつかんだ位置までの距離を測るとよい。

◇時間知覚には独自の感覚器官がない

第1章では、私たちが意識をもっているとき、時間から離れられないこと、時間のない状態を想像することがとても難しいことをみてきた。その点で、時間は私たちの体験にとって欠かせない本質的特性であるといえる。ただし、時間の知覚は、独自の感覚器官をもたない、特殊な知覚であると考えられている。

時間知覚と異なる他の知覚、たとえば「五感」として挙げられる視覚、聴覚、触覚、嗅覚《きゅうかく》、味覚についてみてみよう。視覚や聴覚は、目や耳（あるいは網膜上の視細胞や内耳の蝸牛《かぎゅう》の有毛細胞）といった特定の感覚器官をもっている。

視覚の場合、感覚器は目である。目において、物理的刺激が生体にとって意味ある信号（神経信号）に置き換えられる。

角膜を通して光が眼球の中に入り、眼球の奥にある網膜上の視細胞である桿体《かんたい》と錐体《すいたい》（図

3－6）に光が当たると、視細胞中の視物質（桿体の場合はロドプシン、錐体の場合はアイオドプシン）とレチナールの結合が切られる。それにより視細胞のカリウムチャンネルが開き、その錐体細胞の電位がマイナス方向にシフトする。この電位変化が錐体、水平細胞、双極細胞、アマクリン細胞、ガングリオン細胞……と伝わり、やがて大脳視覚皮質に達する。視細胞は、光（電磁波）を、生体的情報である神経細胞の電位変化に変換しているのだ。

聴覚に関しては、内耳の蝸牛にある有毛細胞（図3－7）が、空気振動を生体的情報に変換する役割を果たす。空気振動が内耳の鼓膜を振動させると、それが蝸牛に伝わる。蝸牛の中はリンパ液で満たされていて、振動がこのリンパ液を伝わって蝸牛内にある有毛細胞を揺らす。有毛細胞の基底膜に圧力がかかることによって、電位変化が起きる。この電位変化は、聴神経細胞を通って大脳聴覚皮質に伝わる。

触覚や嗅覚、味覚などにおいても、物理的刺激とそれを生体的情報に変換する仕組みは異なるものの、視覚や聴覚と同様に特定の変換器が知覚に関わっている。

このように五感は、様々な物理的刺激を、それぞれの知覚様相に固有の受容器において生体的情報に変換する過程といえる。私たちが感じる光や音は物理刺激固有の特性ではなく、自らの知覚システムが物理刺激を神経信号に変換し、その神経信号の処理過程の特性に基づいて作

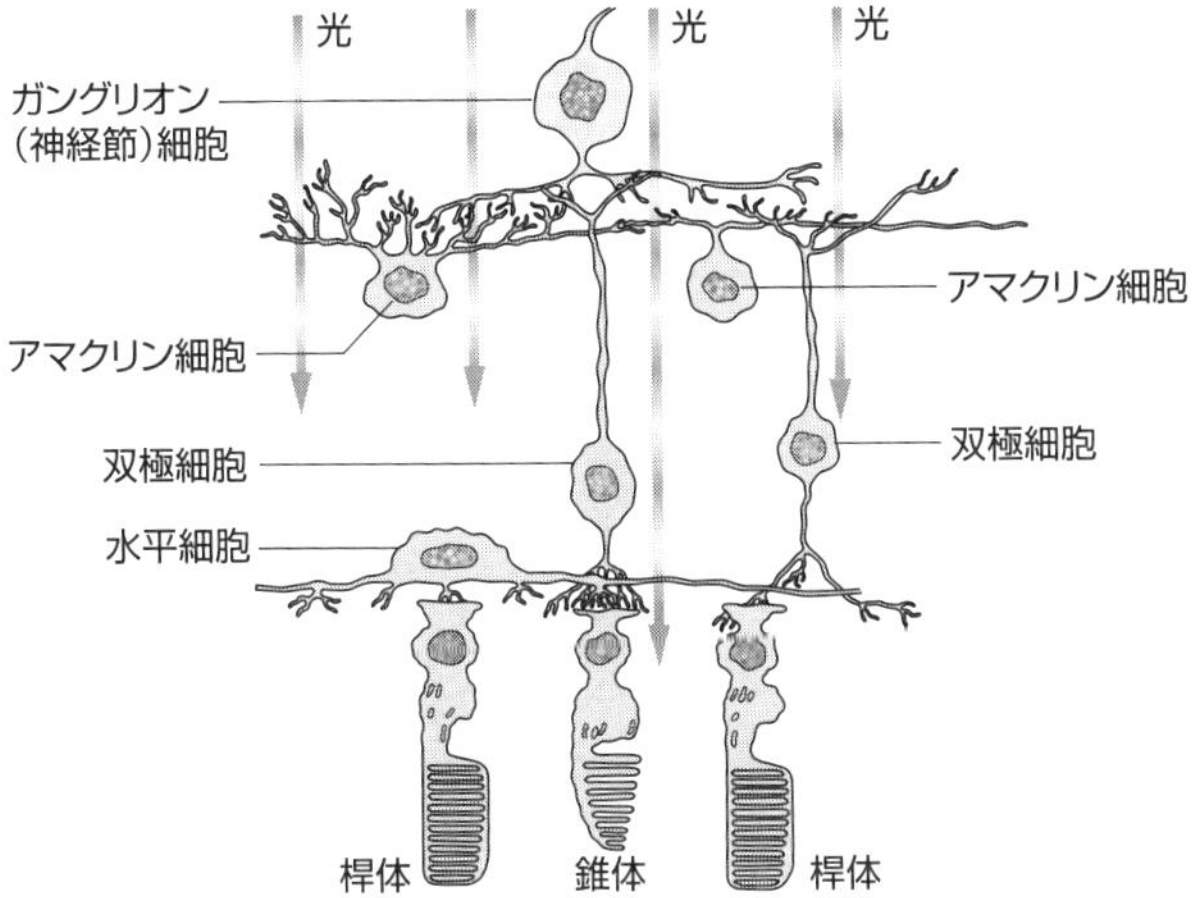

図3-6　網膜における視細胞

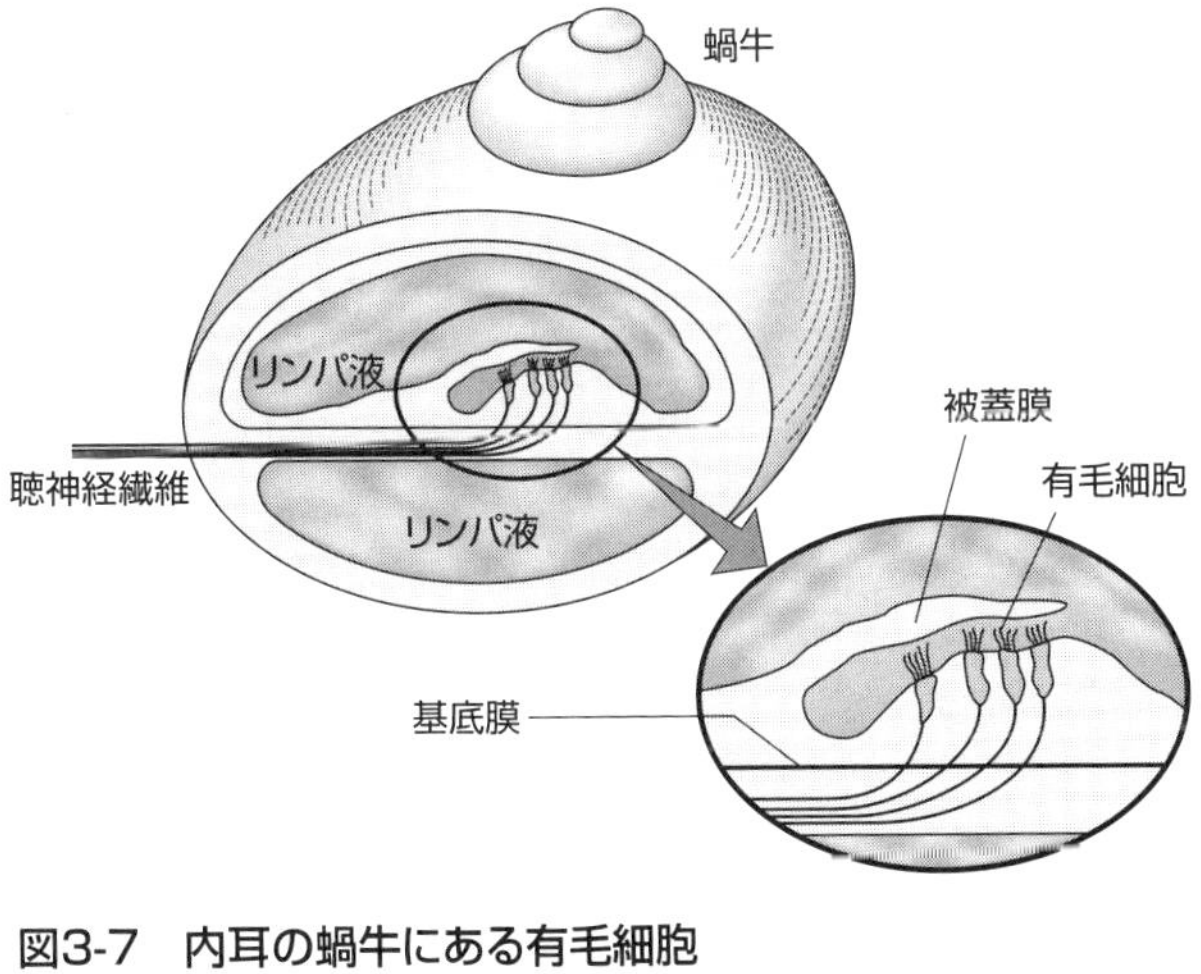

図3-7　内耳の蝸牛にある有毛細胞

り上げられた表現系と考えられる。

たとえば、色覚に関しては、異なる波長の光に最もよく反応する3種類の視細胞（L錐体、M錐体、S錐体と呼ばれる）において、光刺激が神経信号に変換される。様々な波長の光を観察した際、この3種類の視細胞が様々な程度で興奮することで、神経信号が得られる。

単独のスペクトル光（たとえば、およそ575nmの波長）を見た場合に、黄色の知覚が生じたとする。ところが同じような黄色の知覚は、単独のスペクトル光の提示のみで生じ得るわけではない。赤（およそ700nm）、緑（およそ546nm）、青（およそ435nm）の光を適当な強度で組み合わせた場合、ちょうど単独のスペクトル光を提示した場合と同じような神経活動を引き起こすことができるのだ。この場合も、単独のスペクトル光を提示した際に得られた黄色と同様の色彩が観察される。

つまり、神経活動の状態が同じであれば、その活動を引き起こした光が単独のスペクトル光であっても、複数のスペクトル光の組み合わせであっても、見かけの色彩は同じにできるのである。観察者は、単独のスペクトル光によって生じた色の見え方と、複数のスペクトル光によって生じた色の見え方とを区別することができない。

また、適度に離れた3通りの色光を様々な強度で組み合わせることで、ほとんどの色彩の知覚を成立させることができる。このような色彩の提示方法を加法混色と呼ぶ。

カラーテレビやパーソナルコンピュータのカラーディスプレーは、人間の知覚のこの特徴を利用している。たとえば、ブラウン管式のカラーディスプレーにおいては、赤、青、緑の光を発する微細なラスター（発光体）が一面にぎっしりと配置されている。この3通りのラスターを様々な強度で光らせることにより、たいていの色彩が表現できるのだ。液晶やプラズマ型のディスプレーも同じように3色の光を用いて多様な色彩を表現している。

また、動画像表現も、人間の知覚の特性（第2章の「時間に関わる錯覚」の項で紹介した仮現運動）を利用している。私たちがパーソナルコンピュータの画面に提示された動画像を観察しているとき、画面上には動いている物体は何もない。それでも私たちは画面上に動きを見てしまう。画面中の輝度パタンが適度な時間範囲、適度な距離にわたって変化した場合、それが動きの処理系を刺激するのである。

このとき、輝度パタンが重要である。輝度の違いがなく、他の特性によって規定されるようなパタン（たとえば、等輝度の赤と緑の組み合わせで描かれたパタン）の時系列的変化を提示した場合、連続的な動きはほとんど知覚されない。しかしながら、輝度によって規定されたパタンであれば、たとえ画面上では動いているものが何もなくても、人間の知覚系は運動信号を検出してしまう。

　ところが、時間知覚には、このような、物理的刺激を生体的情報に変換する、視覚にとっての目、聴覚にとっての耳のような感覚器は存在しない。知覚の成り立ちが、時間知覚と他の多くの感覚とでは異なっているのだ。

　なお、最近の脳機能研究では、時間的処理に関わる脳の領域の存在が示唆されている。たとえば、時間的な計測やカウンティングを実施している際、大脳基底核の一部が通常より活性化されていることが示されている（Rao ら、２００１）。この部位は、時間に関わる認知処理を行なっている際に、何らかの役割を果たしているのかもしれない。

　とはいえ、この部位が時間だけを処理する脳内過程なのか、あるいは他の処理にも関わる部位なのかは、まだ明確にされていない。時間の知覚に関する生理学的な基礎については、解明からはほど遠い状況にある。

◇身体のリズム

　時間知覚の生理学的基礎については、まだ十分な検討は行なわれていない。しかし、身体における活動の周期性の基礎になる生理学的過程についての理解は進んでいる。

進化の過程で、人間は長い期間、太陽の周期に合わせて生活してきた。朝、日が昇るころに起床し、明るい間、採集や狩猟、農耕など様々な活動を行ない、夕暮れには活動を終え、夜間は安全な場所で眠る。多くのサルの行動形態をみていると、このような太陽の周期に合わせた生活は、人間が二足歩行を行なうよりも前に獲得した生活パタンのように思える。

ただ、太陽の周期だけで人間の生活の周期が決まるわけではない。身体自体が周期的にその活動性を変化させることが知られている。この1日周期のリズムのことを、「サーカディアンリズム（概日リズム）」と呼ぶ。

また、この身体的な変化の基礎になる仕組みを総称して、しばしば「体内時計」あるいは「生物時計」と呼ぶことがある。この体内時計の仕組みは、完全に理解されているわけではないが、おおよその解明はされている（体内時計の説明は、後章で詳述するので、本章では必要最小限にとどめておく）。

多くの研究が示すところでは、この体内時計は、機械的な時計ほど正確ではない。たとえば、日光の入らない部屋で、眠くなったら寝て目が覚めたら起きるという生活を何日か続けた場合、起きる時間と寝る時間は毎日少しずつずれていく。そのずれ方には、かなりの個人差があるが、平均で1日につき約1時間ずつ遅れることになる。そのため、人間の体内時計の周期は、平均するとおよそ25時間といわれている。

動物の場合、人間よりはやや正確な種が多い。それでも、毎日少しずつずれていく（たとえば、ネズミの場合には1日で5分程度進む）。この25時間周期と潮の満ち引きや月の満ち欠けのリズムとの対応が指摘されることもある。だが、どうしてこのようなずれが生じるのか、それが月によって身体が影響を受けることによるものなのかは、解明されているわけではない。

というわけで、人間の1日の周期は、それほど正確な体内時計に基づいているわけではないようだ。それでも問題なく毎日規則正しい生活を送ることができるのは、日が昇って沈むという太陽の周期が、体内時計とそれに基づく生活の周期を調整しているからだろう。

実際、体内時計は、次第に明るくなる朝の光や、だんだん暗くなる夕方の光に合わせて調整されることが知られている。日の光によるサーカディアンリズムの調整は、何億年かの進化の過程で人類がずっと続けてきたことなのだ。後章で紹介するが、こうした日の光による身体のリズムの調整ができない生活では、色々な心身の問題が生じることになる。

では、どのようにしてこうした身体的リズムは調整されているのだろうか。

人類を含む哺乳動物に関しては、脳の視床下部に位置する視交叉上核（SCN）と呼ばれる部位（図3－8）が、この身体の周期に大きな影響を与えていることが分かってきた。視床下部

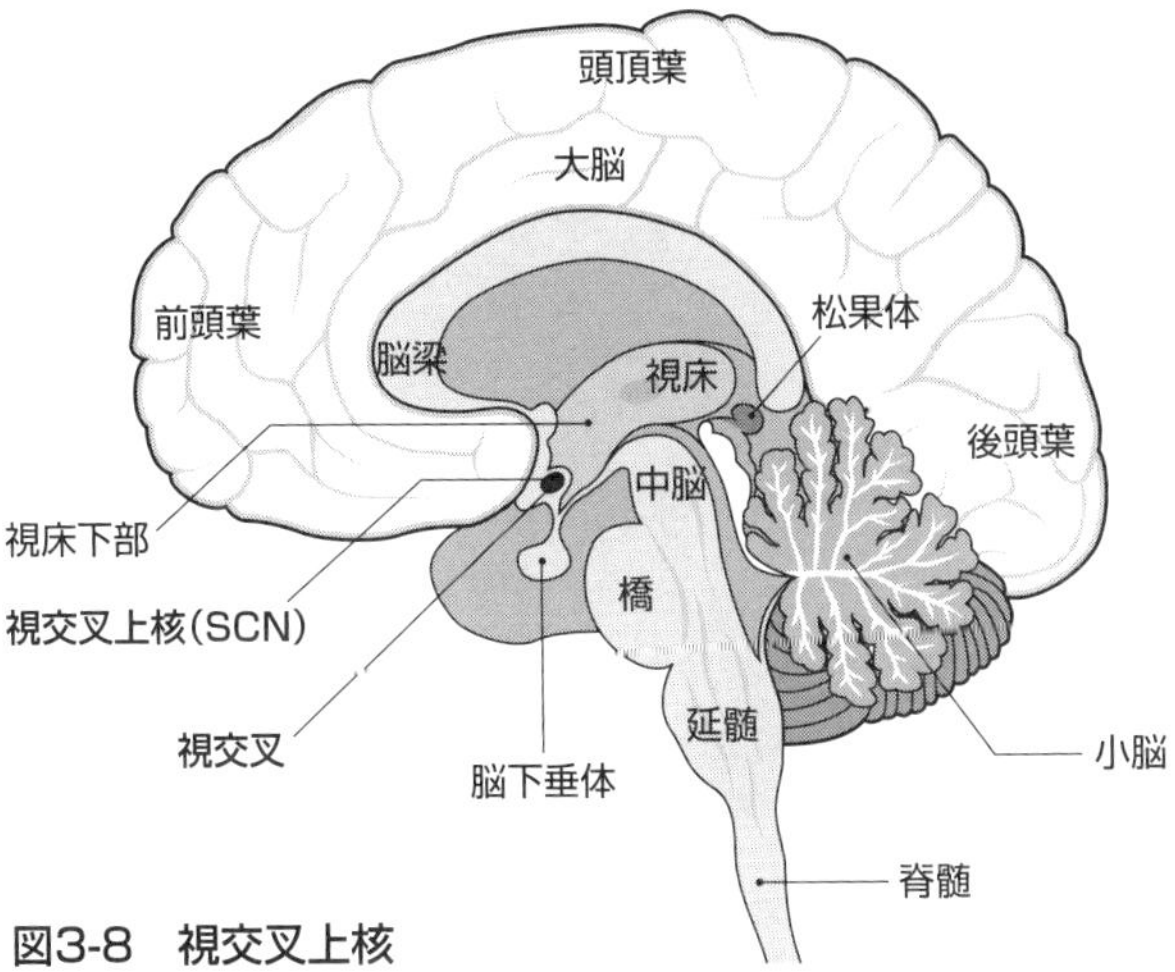

図3-8　視交叉上核

自体には、体温や呼吸、食欲、血圧などを一定の状態に保つ「ホメオスタシス」という機能に結びついた中枢が集まっている。その視床下部に位置する視交叉上核は、数万個の神経細胞からなる細胞群である。

この部分の活動性は、昼に昂進《こうしん》し、夜は落ち着く。この活動性が脳全体の活動性に影響を与えるため、人間は心身の活動性が日中に昂進すると考えられている。だいたい、起床して6〜12時間の間に細胞群の活動はピークに達し、夜になると静かになる。

視交叉上核の活動性自体は、何種類かの発振器役の遺伝子の振る舞いによって決められている。これまでのところ、4種類の遺伝子(per, clock, cycle, cry) の存在が知られている。

これらの遺伝子は、周期的にタンパク質を作り出す。それらのタンパク質が一定の濃度に達すると、そのこと自体が遺伝子の振る舞いを抑える。タンパク質の生成と、遺伝子の活動の活性化と抑制によって、一定のリズムが生じるのだ。このタンパク質の量が、心拍や血圧、体温などに影響を与えている。

視交叉上核は、一定のリズムで周期を刻んでいる。そのため、海外旅行などでこの体内時計の周期と1日の生活の周期がずれると、昼間は眠く、夜は眠れないという状態になる。また、昼間の時間帯にいきなり強い睡魔に襲われるということもある。これが、いわゆる「時差ボケ」だ。時差ボケの状態に陥っても、やがては元の生活のリズムに戻る。しかし、日本との時差が半日程度もある土地への旅行によって生じる時差ボケは、人によっては数週間程度続くこともある。

時差ボケからの回復には、色々な方法がある。手っ取り早いのは、日中の時間帯に強い日光に当たるとよいといわれる。それは、強い日光に当たることによって、体内時計のペースが調整されると考えられているからだ。

なお、夜中に強い光を浴びることによって体内時計のペースが乱れる可能性も指摘されている。夜間でも開いている店（たとえば、コンビニエンスストア）では、店内の照明にはかなり強い光を使っている。この強い光は、体内時計のペースに影響を及ぼし、結果として睡眠と覚醒《かくせい》のリズムを乱す可能性がある。つまり、海外に行かなくても、時差ボケのような状態になってしまうことがあり得る。

睡眠と覚醒の周期の乱れによって、眠ろうとしてもなかなか寝つけない「睡眠障害」を引き起こす危険性も指摘されている。この睡眠障害が、鬱《うつ》の症状を引き起こす原因となり得るともいわれている。また、長期的な睡眠の周期の乱れは、肥満や高血圧を引き起こす可能性も指摘されている。体内時計の周期の乱れは、時差ボケのような睡眠と覚醒のリズムの混乱だけではなく、生活にも悪影響を及ぼす重大な問題であるといえる。この問題については第6章で再び取り上げる。

第4章　人間が体験する時間の特性とは？

◇時間に関わる錯視

前章では、知覚の生理学的基礎における時間特性と、反応時間からみた人間の知覚の時間的制約について紹介した。しかし、人間の時間的制約は、生理学的な伝達過程や単純反応時間に一定の時間を必要とすることにとどまらない。知覚や認知における情報処理の過程にも、様々な時間的制約が存在している。こうした時間的制約のため、私たちが体験する出来事の時間的特徴は、しばしば実際の（物理的に特定される）出来事の時間的特徴と乖離してしまう。

第2章では、空間や運動に関して、私たちの体験が物理的に規定される刺激の特徴と乖離することがあること、つまり、空間に関する錯視や運動錯視が存在していることを紹介した。この章では、時間に関しても様々な錯覚があること、その錯覚の特性を調べることを通して、体験の時間的特徴や制約が理解されてきていることを紹介する。形状や運動だけではなく、時間に関しても、私たちはどうやら自らに固有の仕方で認識しているようである。

◇知覚様相ごとの処理時間の違い

光と音では、空間中を伝播する速度は圧倒的に光のほうが速い。1秒間に光は約30万キロメートル進むのに対し、1気圧の地上では、音はせいぜい340メートルしか進まない。したがって、音源や光源との間の観察距離が仮に50センチだとすると、光は提示されてから10億分の1・7秒で観察者の頭部に達するが、音がたどり着くのは1000分の1・5秒後になる。

この場合の光と音が観察者に到達するまでの時間は、どちらも人間の知覚にとっては区別がつかないくらい短い。しかし、観察距離が長くなれば、やがては人間の知覚系にとってもその差が明らかになる。

たとえば100メートルほどの観察距離であれば、光と音のずれは約300ミリ秒となる。

判断を邪魔するような環境要因を排除した環境、たとえば真っ暗な実験室環境で音と光だけを提示する場合、この程度のずれがあれば、たいていの人には音が遅れているように感じられる。

このように、光は音よりもかなり速い速度で空間中を伝播するが、頭部から50センチ程度離れたところで音と光が同時に提示された場合、知覚体験のうえでは、音が光よりも先に現われたように感じられてしまう。

これは、前章で紹介したように、網膜に光が到達してから実際に見えるまでの時間が、鼓膜が振動し始めてから何か聞こえたと感じるまでの時間よりも長いことに起因している。この時間のずれ（前章で紹介したペッペルの実験結果においては視覚刺激に対する反応時間は0・17秒、聴覚刺激に対する反応時間は0・13秒、差し引き0・04秒＝40ミリ秒）は、短いけれども、十分に知覚可能な時間の長さなのである。

それぞれの知覚の種類（視覚、聴覚、触覚、味覚、嗅覚など）のことを、知覚心理学における専門用語では「知覚様相」と呼ぶ。聴覚と視覚における処理時間の違いは、知覚様相によって処理時間が異なることの一例である。

知覚様相による処理時間の違いは、物理的には同時に生じたことでも、体験上は、どちらかが先に生じたように時間差を伴って感じられることを意味する。聴覚と視覚だけではなく、ど

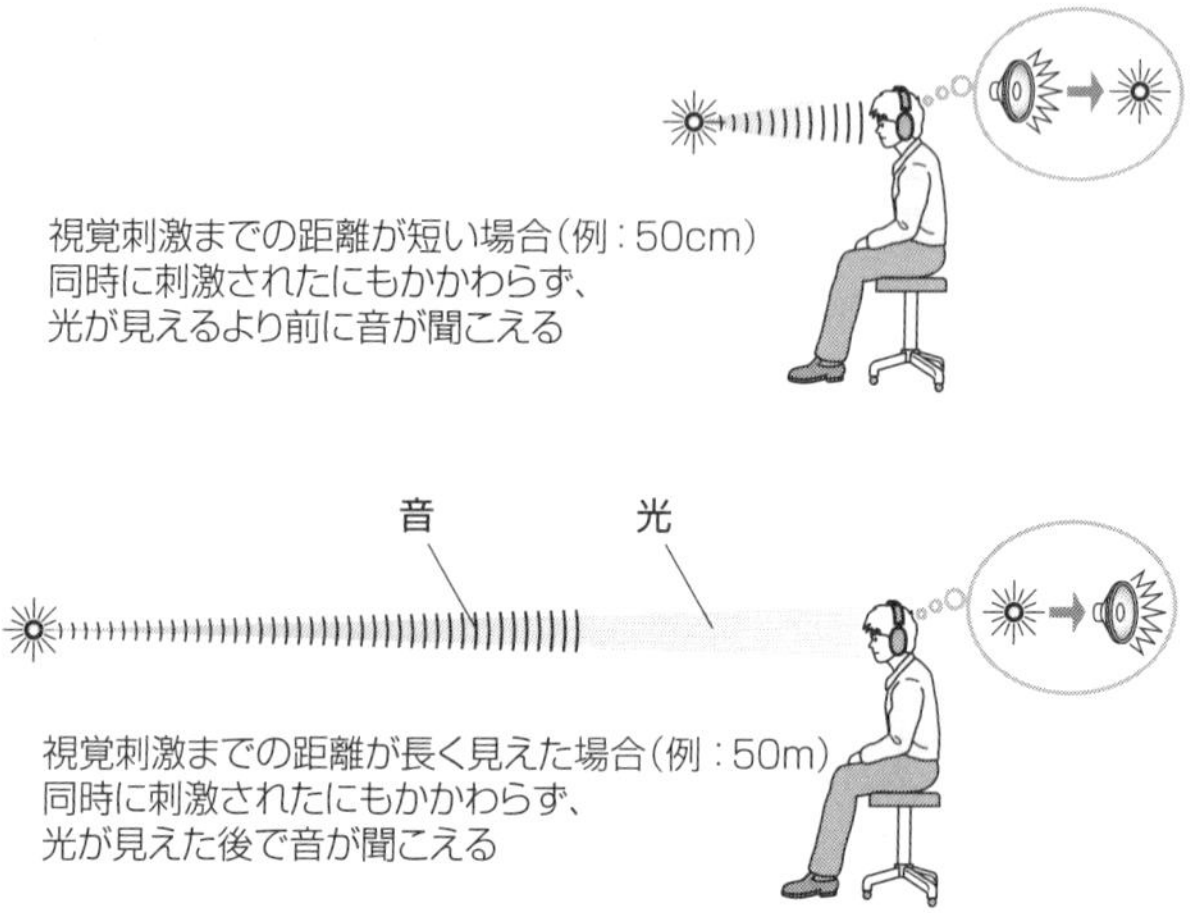
視覚刺激までの距離が短い場合（例：50cm）
同時に刺激されたにもかかわらず、
光が見えるより前に音が聞こえる
音
光
視覚刺激までの距離が長く見えた場合（例：50m）
同時に刺激されたにもかかわらず、
光が見えた後で音が聞こえる

図4-1　観察距離に応じた視覚刺激と聴覚刺激の非同期

の知覚様相においても処理時間はまちまちだ。したがって、異なる知覚様相が同時に刺激されたとしても、その刺激提示の結果として生じる知覚には、時間差があるかのように感じられやすい。

たとえば、音と光の提示に関しては、面白い錯覚の存在が知られている。

前述したように、視覚情報処理よりも聴覚情報処理のほうが速いので、ごく近距離で音と光が同時に提示された場合、私たちは音が先に提示されたように感じる。ところが、この音と光の提示のタイミングに関する知覚は、音と光の提示距離についての知覚によって影響を受けることが見出された（Sugita & Suzuki, 2003)。つまり、音と光までの見かけの距離が大きくなると、光が音よりも先に提示されたように知覚されるのである（図4－1）。

この傾向は、音の提示にヘッドホンを使った場合（実際には音の空間伝達に要する時間が一定である場合）でも、光の提示された位置で音も提示されたように感じられれば認められるようである。空間中では光が音より速く伝わるという物理的特性が、視聴覚刺激の同時性知覚における情報処理に組み込まれているものと考えられる。音と光の提示のタイミングがどのように体験されるかは、音と光の空間伝達速度や聴覚と視覚の情報処理過程の速度だけではなく、（おそらくは進化の過程で獲得された）視聴覚刺激のタイミングと刺激の空間的位置に関する、人間独特の処理特性に依存しているのだろう。

◇時間についての知覚では視覚よりも聴覚が優先される

実際には同時に生じていない出来事であっても、その出来事がある一定の時間内に生じた場合は、それらの出来事がまるで同時に生じたように知覚される。この時間的な幅のことを、前章でも紹介したペッペルは「同時性の窓」と呼んでいる。

彼の実験的研究によると、この同時性の窓は、聴覚においては約4・5ミリ秒、触覚においては約10ミリ秒、視覚においては20～30ミリ秒であった。視覚の処理は、聴覚の処理に比べて緩慢であることを先に述べたが、同時性の窓の幅として見られる知覚処理の時間解像度も、視覚は聴覚や触覚と比べると粗いことを、ペッペルの研究は示している。

そのためか、時間に関わるような事象の知覚認知においては、視覚と聴覚の情報が不一致のとき、聴覚の情報が優先されることが多いことが、最近になって注目を集めている（Shams ら、2000）。もともと空間に関わる事象についての判断（音源や対象の位置など）においては、視覚が聴覚に優位性をもつことは数十年前から知られてきた。たとえば、スピーカーのような音源の位置についての視覚情報と聴覚情報が一致しないとき、不一致の程度が極端に大きくなければ、知覚される音源の位置は視覚的に定義された位置に近くなる。腹話術師などは、この知覚特性を利用して、動く人形の口から声が聞こえるように演じている。だが、時間に関しては、聴覚が視覚に対して優位性をもっているようである。

たとえば、Shams らが2000年に報告した Sound induced flash という現象とは、光を瞬間的に1回提示するのと同時に短い音を2回提示すると、光が2回提示されたように見えるというものである（図4－2）。

この錯視が起こっている際の視覚皮質の活動状態を、視覚誘発電位という大脳皮質の活動性についての指標を用いて調べると、2回の聴覚刺激の提示によって、2回の視覚刺激を提示し

図4-2　フラッシュ光の見た目の回数は聴覚刺激の提示回数によって変わる

たのと同様の視覚皮質の活動が生じていることが分かる。音刺激が視覚脳を活性化させ得るという興味深い発見である。

また、筆者自身も、この現象に関連して、画面上を移動する刺激を観察する際に聴覚刺激を提示すると、聴覚刺激の提示回数が多いほど、より大きく動いたように知覚されることを見出した（Ichikawa & Masakura, 2006)。音の提示のテンポを連続的に変化させると、たとえ視覚刺激が一定のテンポで点滅していたとしても、点滅のテンポも音刺激のそれにつられて連続的に変化するように見えてしまうことも知られている（Wada ら、２００３)。

◇色よりも遅い動きの処理

前項では知覚様相によって処理時間が異なることを紹介した。さらにこの違いは、同じ知覚様相の内部でも起こり得る。処理の対象によって処理時間も異なってくるのである。特に視覚に関しては、ここ10年ほどの研究から、知覚の対象となる属性によって、処理時間の違いが存在していることが分かってきた。

前章において、網膜に光刺激が到達してから視覚体験を引き起こすまでに、少なくとも0・1秒程度かかることを紹介した。さらに、その処理の対象によって、この時間はもっと長くなり得るのである。

たとえば、動きと色では、動きのほうが処理が遅いと考えられている。縞《しま》模様が運動方向を変えるのと同時に、色も変化させるような映像を観察する場合（図4-3）、色の変化が先に生じたように知覚されるからである。運動方向と色変化とが同時に生じたように知覚するためには、色変化よりも運動方向を80ミリ秒ほど速く変化させる必要があるのだ。

また、色付きの文字や図形からなる刺激を次々と提示した場合、実際にはない色と、文字や図形との組み合わせが知覚されることがある（図4-4）。この現象は「結合錯誤」と呼ばれて

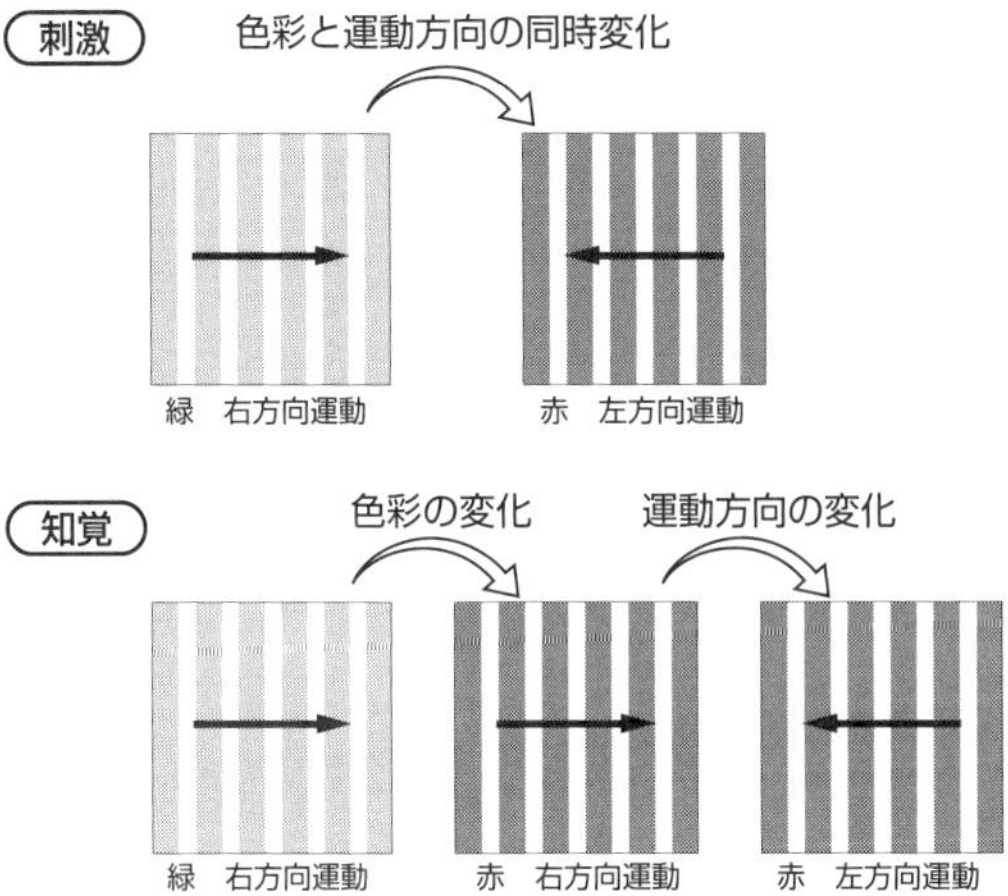

図 4-3　色彩と運動方向の変化知覚の非同期

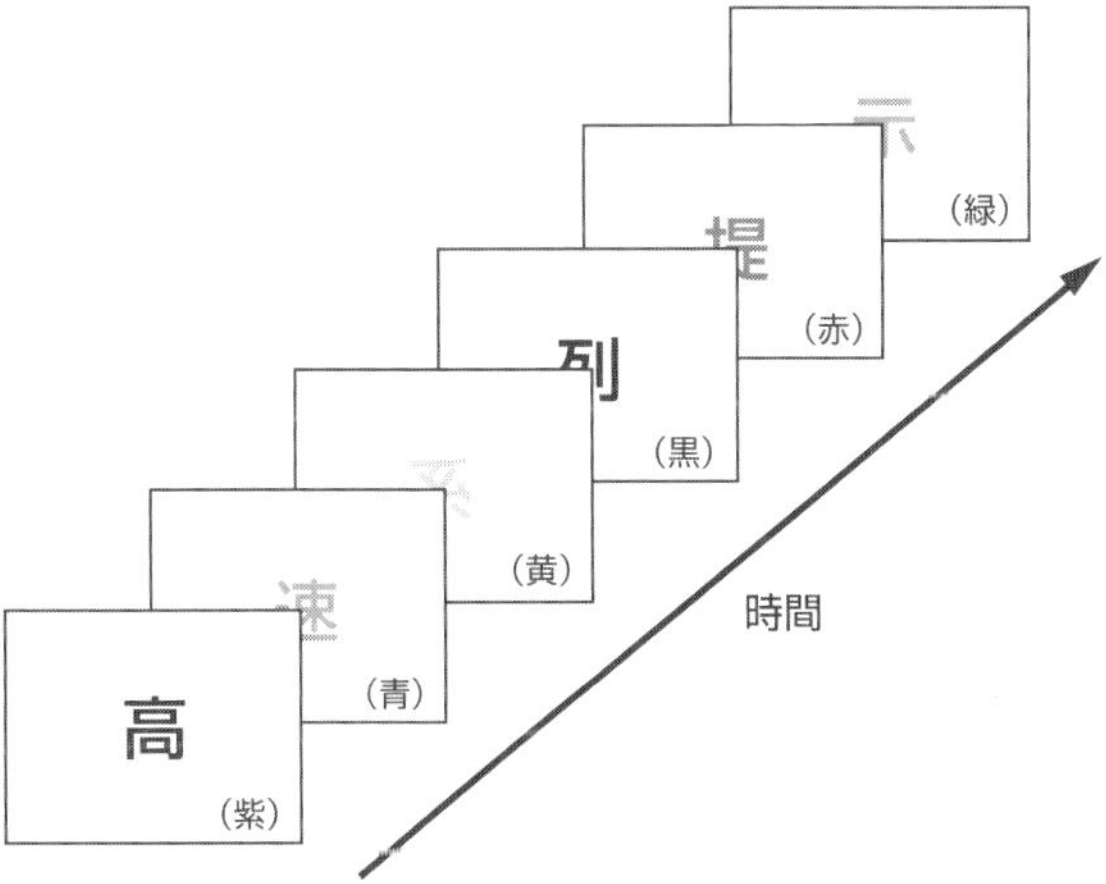

図4-4　結合錯誤

いる。漢字のように複雑な文字の場合、色の処理のほうが文字の処理よりも速くなるので、先に提示された文字が後に提示された色で書かれたように知覚されることが多くなる。文字刺激がアラビア数字のように単純な形状の場合、文字の処理に要する時間が色の処理に要する時間よりも短くなることもある。

◇知覚のタイムマシン

視覚の処理時間に大きな影響を及ぼす要因として、「注意」を挙げることができる。視野の中の特定の部位に注意を向けると、その部位の処理が速められるのである。逆に、注意を外された部位の処理は遅くなってしまう。

注意は二つに大別できる。

一つは、観察者が意図的に注意を向けるものである。これは「概念駆動的注意」と呼ばれる。通常、ある特定の点を注視したまま、4カ所程度まではそれほど苦労しなくても意識的に注意を振り分けて向けることができる。

もう一つは、「刺激駆動的注意」と呼ばれるものである。視覚刺激の点滅や瞬間提示のような急激な変化があると、その変化があった視野内の部位に強制的に注意が向けられると考えら

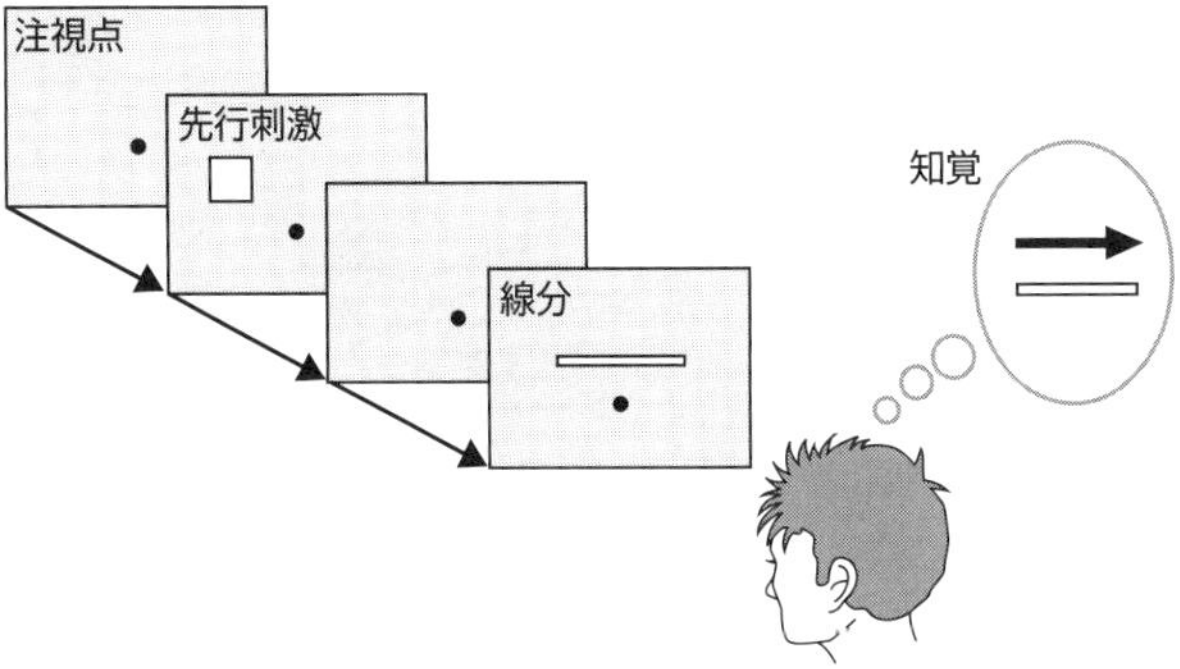

図4-5　線運動錯視

れている。

概念駆動的注意と刺激駆動的注意のどちらにおいても、先行して注意が向けられた視野領域の処理が促進される。この処理の促進は、線運動錯視（illusory line motion）として確認することができる。

たとえば、黒い背景の中に、白い線分を瞬間的に提示する場合、この線分全体が一瞬のうちに現われたように見える。ところが、この同じ線分を提示する直前に、線分のどちらかの端に近い位置に先行刺激を提示すると、刺激駆動的注意の機能により線分がそちら側から描かれたように見える（図4−5）。これが「線運動錯視」と呼ばれる現象である。

線運動錯視は、先行刺激の提示によってその付近の視覚処理が促進されること、つまり、知覚の時間が速められることに基づくと考えられている。この注意によって視覚処理を促進することで、事象の物理的順序と逆の順序で、物事が生起する様を見ることも可能になる。

たとえば、通常、二つの視覚刺激を十数ミリ秒の時間差で提示した場合、物理的時間順序と同様の順序で二つの刺激が提示されたように知覚される。ところが、二つの刺激が提示される100ミリ秒ほど前に、物理的には後に提示される刺激のそばに刺激駆動的注意を引きつけるような別の刺激を先行提示すると、先行刺激に近い刺激のほうがもう一方の刺激（物理的には先に提示される）よりも先に提示されたように知覚される。この注意による処理の促進現象を利用すると、先行刺激の提示によって物理的時間と体験される時間における順序を逆転させることが可能なのである。

物理的な時間の方向を操作するようなタイムマシンについては、まだ実現の可能性さえ見えていない。しかし、注意による視覚情報処理促進を利用すると、事象の物理的な時間順序を知覚のうえで逆転させる、「知覚のタイムマシン」のような状況を意図的に作り出すことができるのである。

なお、この線運動錯視については、説明のため、第6章の奇数ページに14枚1組のパラパラ・アニメを用意した（二つある枠の上のほう）。枠内の×印を注視しながら、数字の小さいページから順に1秒程度の間に14枚をめくってみよう。直前に四角が提示されたがわから線が描かれているように見えるだろう。

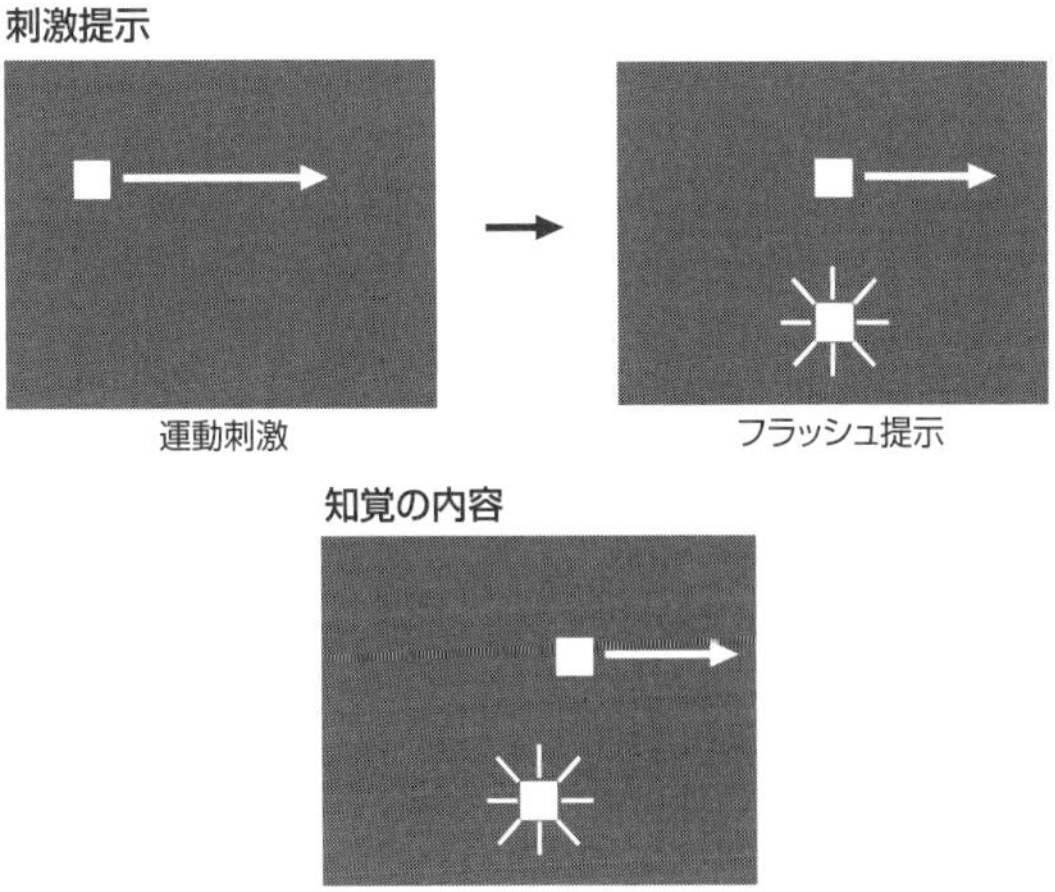

図4-6　フラッシュラグ効果

◇フラッシュラグ効果

等速で左から右に移動する光点がディスプレーの中央あたりに達したとき、光点の真下に別の光点を一瞬提示する。このとき、移動する光点が瞬間的に提示された光点よりも右にずれているように見える（図4−6）。この現象は「フラッシュラグ効果（flash-lag effect）」と呼ばれている。

連続的に変化する刺激と、静止した刺激や瞬間的に提示された刺激では、処理時間特性が異なるために、この現象が生じると考えられている。

フラッシュラグ効果についても第6章の奇数ページに15枚1組のパラパラ・アニメを用意した(二つある枠の下のほう)。1秒程度の間に15枚の絵を連続してめくると、◯が横方向に動いて見えるだろう(仮現運動)。それぞれ1枚ずつ絵を見ると、1枚だけ◯の真下に上向きの矢印が描かれているのが分かるだろう。ところがパラパラ・アニメとして見ると、紙の上では上下に並んでいるはずの◯と矢印の間に横方向のずれがあるように見えるだろう。

このように連続的に変化する刺激と瞬間提示される刺激の間に知覚的ずれが生じるという現象は、刺激の移動(位置変化)以外の、刺激特性の変化においても知られている。

たとえば、明るさが連続的に変化する視覚刺激のそばにちょうど同じ明るさの刺激を瞬間提示し、連続的に変化する刺激と瞬間的に提示された刺激のどちらがより明るいかを判断させる実験を実施すると、連続的に変化する刺激の状態は、実際に瞬間提示の刺激が示された時点よりも変化が進んだ状態で知覚されていることが分かる。同様の現象は、刺激配置のランダムさや色彩の変化に関しても見出されている。

このフラッシュラグ効果は、自動運動する対象を受動的に観察する場合において、顕著に生じるとされてきた。ところが、最近、筆者らの研究室での実験で、観察の仕方によって、この錯視の程度が異なってくることが分かった（Ichikawa & Masakura, 2006）。すなわち、観察者自身が刺激の運動や変化を能動的に制御する場合には、この現象は極端に小さくなるのである。また、観察者が刺激に注意を向けた場合や、フラッシュの生起をコントロールした場合にも、この錯視は小さくなる。さらに、能動的観察では、刺激変化や刺激提示に対する反応時間も短くなることが見出された。

これらの結果は、能動的観察のほうが、受動的観察よりも時間精度が向上することを示唆している。これは、たとえ同じような画像を見ていたとしても、画像の時間的特性についての見え方が、観察の仕方（能動的か受動的か）によって異なることを意味している。

なお、このフラッシュラグ効果については、サッカーのオフサイド判定の誤審の一因とも指摘されている（Baldo, Ranvaud, & Morya, 2002）。ゴールに向かって走っている攻撃側の選手と静止した守備側の選手とが、実際には並んだ位置にいたとしても、審判には攻撃側の選手が守備側の選手よりもゴール寄り、つまりはオフサイドの位置にいるように見えてしまうのである。

錯視によるこのような誤審は、知覚処理の時間的制約に基づく。第2章でも見たように、知識や経験を得ることによって錯視がなくなるということはない。したがって、いくら審判が訓練や経験を重ねても、このような錯視に基づく誤審を避けることはできないと考えられる。物理的な位置関係に従った判断の正確性を確保するためには、判定にVTRを活用するなど、人間と違って、誤ることのない機械を用いるしかないだろう。

◇運動の知覚と時間

運動している物体の速度も、様々な要因によって実際とは異なる速度として知覚される。たとえば、刺激の明るさの違いが、視覚の処理時間を変えることが知られている。左目にだけサングラスをかけたとする。この場合、サングラスを通して得られる視覚刺激は、裸眼観察で得られる刺激よりも暗くなる。そして、通常、暗い刺激の処理は遅くなる。

この処理時間の違いに関連した現象に「プルフリッヒ効果」というものがある。

左右に往復運動するような物体（たとえば時計の振り子）を、左目だけにサングラスをかけたまま観察してみる。この場合、サングラスを通して観察された刺激の処理は、裸眼で観察された刺激の処理よりも遅れる（図4-7）。

右目で得られた情報は、少し遅れて得られた左目の情報と組み合わされることになる。左右の目で得られる画像に空間的ずれがあると、それは両眼視差という奥行きの情報源になるため、本当はただ往復運動している対象が、楕円状の軌道で動いているように見えてしまう。

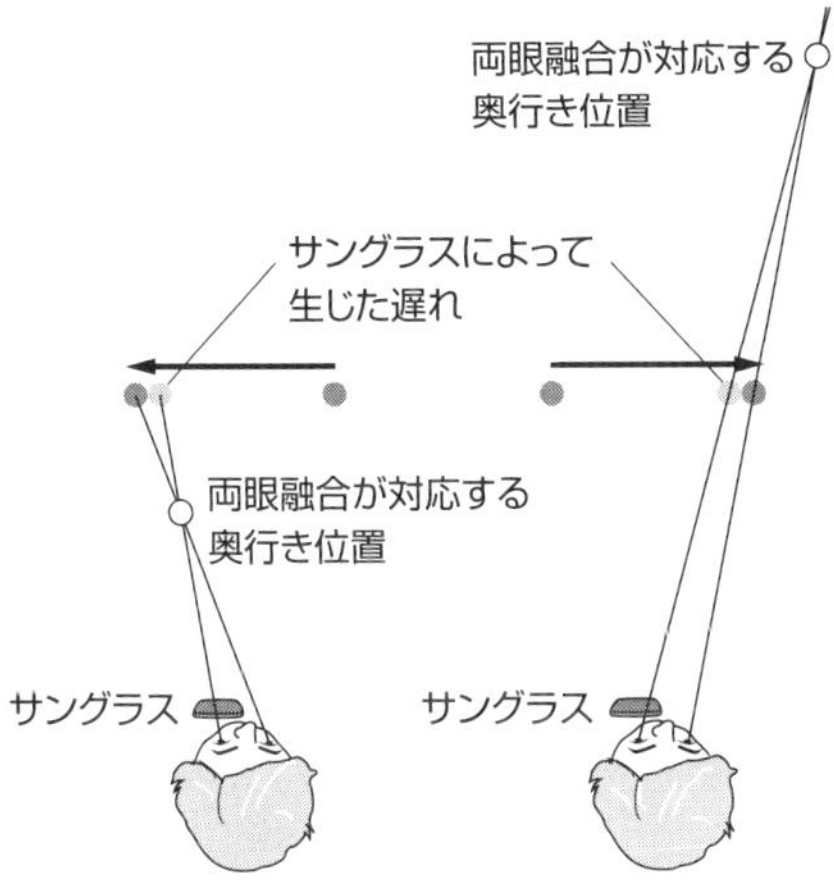

図4-7　プルフリッヒ効果

明るさだけではなく、コントラストの違いも視覚の処理時間を変える。

たとえば、明るい灰色と暗い灰色からなる縞模様の背景上を、白と黒の刺激が等速で運動するのを観察すると、白と黒の刺激の運動速度が交互に速くなったり遅くなったりするように見える（図4－8）。あたかも両足が交互に進むような見え方から、「フットステップ錯視（Footstep illusion）」と呼ばれる現象である。

この錯視を発見したS・アンスティスは、背景とのコントラストが強いほど視覚対象の処理速度が速くなることがこの錯視の基礎にあると考えている。つまり、明るい灰色の上では黒い刺激の処理速度が速くなり、暗い灰

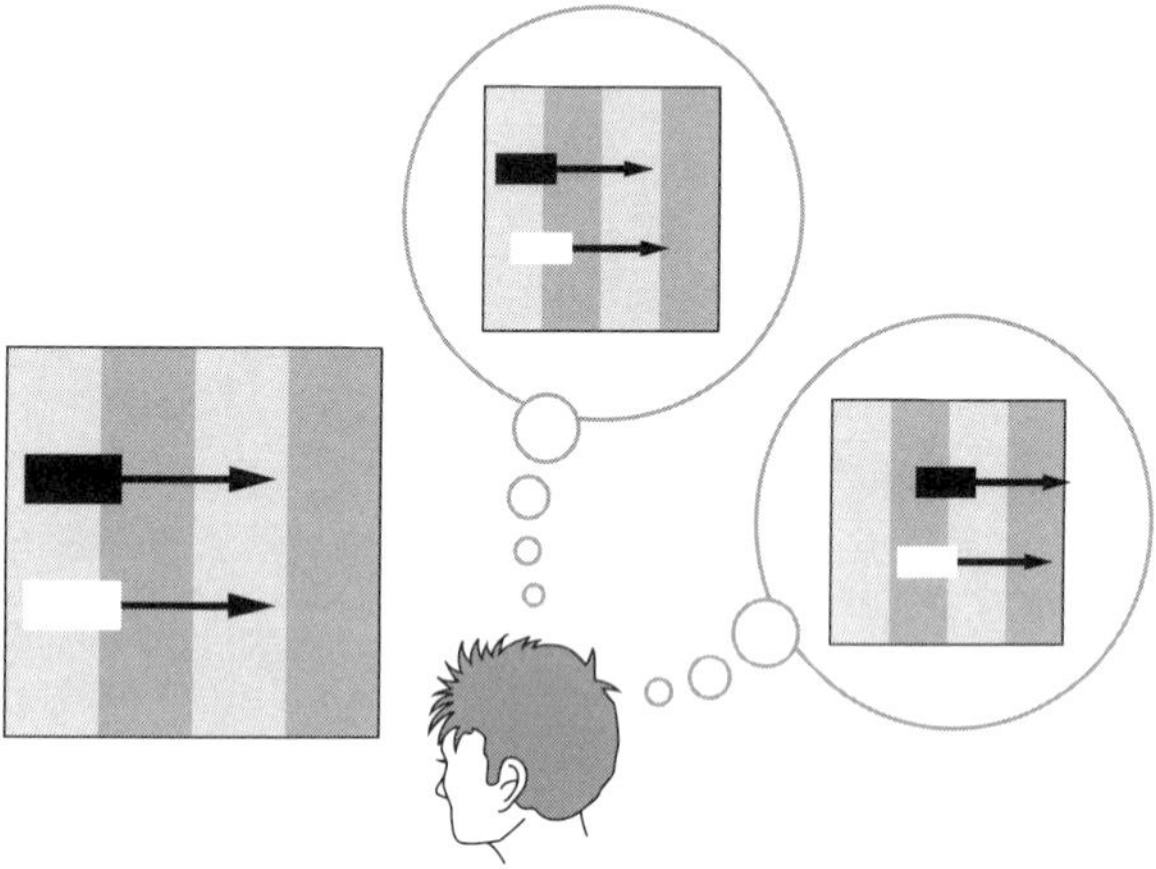

図4-8　フットステップ錯視

色の上では逆に白い刺激の処理速度が速くなるため、白と黒の対象の速度が交互に速くなったり遅くなったりしているように見えるというわけである。

◇**変化、出来事の検出の時間的制約**

人間の視覚系は本来、変化に敏感である。そのため、一定の時間の幅の中で画像が変化した場合、その変化は、簡単に見出される。しかし、ある時間的限界を超えて変化が生じた場合、意識的に努力をしてその部位に注意を向けないと変化はまったく見えない。

たとえば、変化が視覚の時間的限界よりも短い時間で起こった場合を考えてみよう。一般的に照明用に使っている蛍光灯は、実はごく短い時間の中（西日本では60回／秒、東日本では50回／秒）でついたり消えたりしている。この点滅の時間の幅は、人間の視覚系の変化検出過程にとって短すぎるので、蛍光灯が点滅しているようには見えない。

他方、変化が知覚の時間的限界よりも長い時間にわたって生じた場合も、その変化は注意を意識的に向けられることがないと見えない。たとえば、私たちはネムノキの葉が1日のうちで規則的に閉じたり開いたりしているところは（結果として変化に気づくことはあっても）見えない。これは「変化盲（change blindness）」と呼ばれる現象である。

同じ変化がもっと短い時間幅の中（たとえば、0・1秒間）で生じた場合には、その変化した部位に注意を向けなくても、すぐに変化を見つけることができる。変化が適当な時間の幅の中で起こる場合、意識的努力をしなくても、自動的な知覚過程によって変化を検出できるためである。

意識的な努力なく変化を検出するには、その変化が一定の時間の幅のうちに起こる必要がある。知覚におけるこのような時間的制約は、地上の環境において生存に必要な変化や動きを検出するために、進化の過程で人類が何世代にもわたって獲得してきたものなのだろう。同じ変化でも、どのような時間の幅の中で生じるかで、生存にとっての意義は異なり、人間が体験する内容も大きく異なってしまうのだ。

この変化盲には、男女差があることも知られている（Shikina & Ichikawa, 2006）。識名恵江氏は筆者とともに、2枚の映像の間に白紙の映像を提示する手続き（フリッカー法と呼ばれる）を用いて、写真中の一部のオブジェクトの色を変えたり位置を変えたりしたものを、変化前の写真と交互に提示し、何回目の観察で変化に気づいたかを調べる実験を行なった。その結果、色の変化については女性が男性よりも早く気づくことが見出された。

強く注意を引きつける対象が現われると、それと同時に生じた他の出来事が見落とされやすくなることも知られている。

たとえば、映像の一部を変化させる場合、それが瞬時になされれば、変化を簡単に見つけられることは前述した通りである。しかし、刺激駆動的注意を引きつけるような斑点状の妨害刺激を瞬間的に提示すると、それと同時に生じた画像の変化は見落とされやすくなる（図4-9）。

これは「泥はね（mud splash）による変化盲」と呼ばれる現象である。こうした現象は、視野内に強く注意を引きつける対象があると、同時に知覚できる出来事の数が制限されること、その数的制限を超えてしまうと見落とされてしまう出来事があることを示唆している。ある一

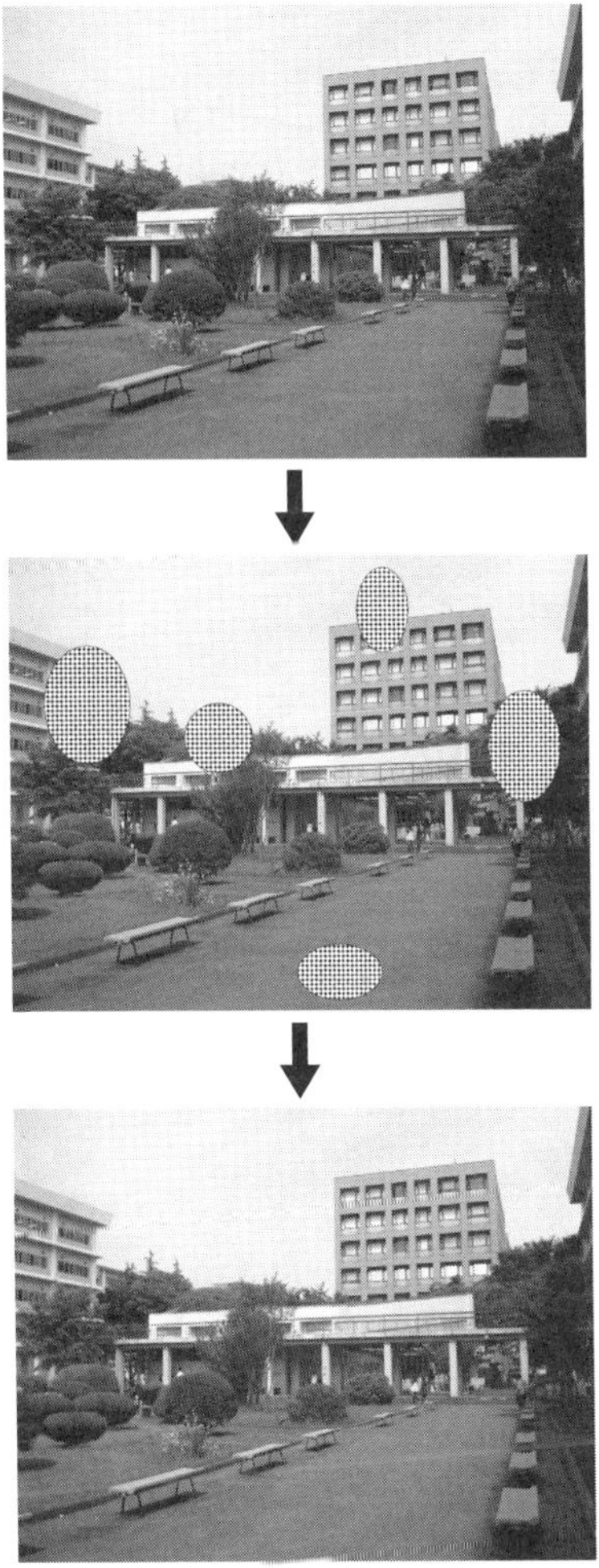

図4-9　泥はねによる変化盲　(映像の作製は田川夏子氏による)

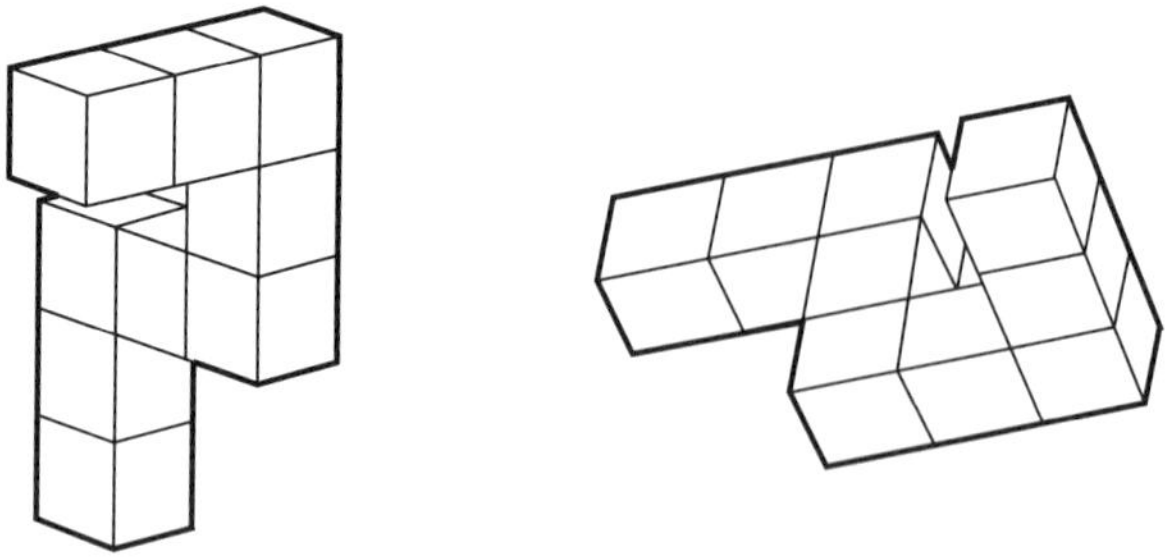

図4-10　メンタルローテーション課題の刺激例

瞬のうちに複数の出来事が起こった場合、私たちが認識できる出来事の数には制約があり、まずは目立つものしか気づかれないのだ。

また、変化する対象が動いている場合は、妨害刺激が一つであっても高い頻度で見落としが生じる。最近になって、動いている対象に注意を向けると、止まっているものが見えなくなるMotion Induced Blindnessという現象が見出されている。

こうした現象をみると、刺激の動きには、私たちが一瞬のうちに認識できる対象の数を大きく制限する効果があると考えられる。

◇心的操作と時間

心の中（心的空間）では、何でも一瞬にできると思われるかもしれない。しかし、私たちが心的空間で行なう様々な認知処理には、物理的空間の中で行なう動作と似たような時間的限界がある。そのことを示す現象の一つに、「メンタルローテーション（心的回転）」という課題がある。

物理的空間の中で手などを使って対象を動かすとき、どれだけ大きく動かすことができるかには、時間的制約がある。時間が短ければ、頑張っても、動かすことのできる程度は小さくなる。

実は同様の制約が、心の中での操作にも存在している。たとえば、図4-10に示したような絵を見て、同じ物体か否かを判断することを求められたとき、二つの物体の角度に比例して、判断までの時間が長くなる。

このメンタルローテーション課題の遂行中、物理的空間の中での身体的運動は行なわれることはない。だが、心的空間の中では対象の表象を回転させるような操作が行なわれている。その操作に、物理的空間と同様に、角度に応じた一定の時間が必要なのだと理解されている。

◇眼球運動と時間

立体的構造をもつ物体やその映像を観察しているとき、人間の目には特徴的な動きのパタンが見られる。視点は、観察対象の中でも特徴のある特定の点で数百ミリ秒間とどまった後、別の点に高速で跳躍する。この視点の跳躍する際の動きのことを「サッケード」と呼ぶ。

このサッケードの間、視覚的な情報処理は遮断されていることが知られている（サッケード抑制）。これは、視点が高速で移動している間の視覚情報が意識にのぼると、視覚世界の安定が維持されないため、処理がシャットアウトされるものと考えられている。

読者も簡単な手続きによって、このサッケード抑制の存在を確認できる。必要な道具は、1枚の鏡である。

鏡を顔の正面にもってきて、自分の両目が見えるようにしよう。鏡の中に映った自分の右目から左目に視点を動かしてみよう（つまり、サッケードを起こして左右の目を見てみる）。このとき、自分の目の動きが見えるという人はほとんどいない。しかしながら、自分の目の動きが見えないのは、サッケードの速度が人間の知覚の処理系にとって速すぎるからというわけではない。

その証拠に、他の人が視点を鏡の中の自分の左目から右目、右目から左目へと動かしているのを観察してみよう。すると、他人の目の動きは実に簡単に見えることが分かるだろう。ところが、自分の目の動きは、まったく見えないのである。

私たちは普段、サッケードにより視点を移動する際、このような空白の時間帯があることに気づかない。実は、この空白の時間の間に、興味深いことが起こっている。サッケードが生じているとき、心的な時間の短縮が生じているのである。すなわち、サッケードが起こることによって、その前後に刺激の提示されていた時間の長さが実際よりも短く感じられるのだ。これは、視覚情報が抑制されている間の時間は、私たちの知覚の中でどこかに消えてなくなっていることを示している。

◇知覚の時間的変化

同じ対象を同じ物理環境のもとで観察していたとしても、知覚される内容が同じというわけではない。特に、同じ対象についての観察が持続する場合、知覚される内容は時間の中で変化する。

たとえば、同じカラー写真を数十秒から数分間にわたって持続して提示された場合、その色の鮮やかさはだんだん失われる。特に、写真の中の一点を持続して注視した場合に、この現象は顕著となる。これは「順応」と呼ばれる変化である。

この現象は、その映像の情報を処理する過程が疲労によって不活発になるために生じるというのが、代表的な説明の一つである。つまり、同じ色の情報が視野の同じ位置に与えられ続けることによって、その過程の処理が次第に低下してしまって、その過程からの色情報のアウト

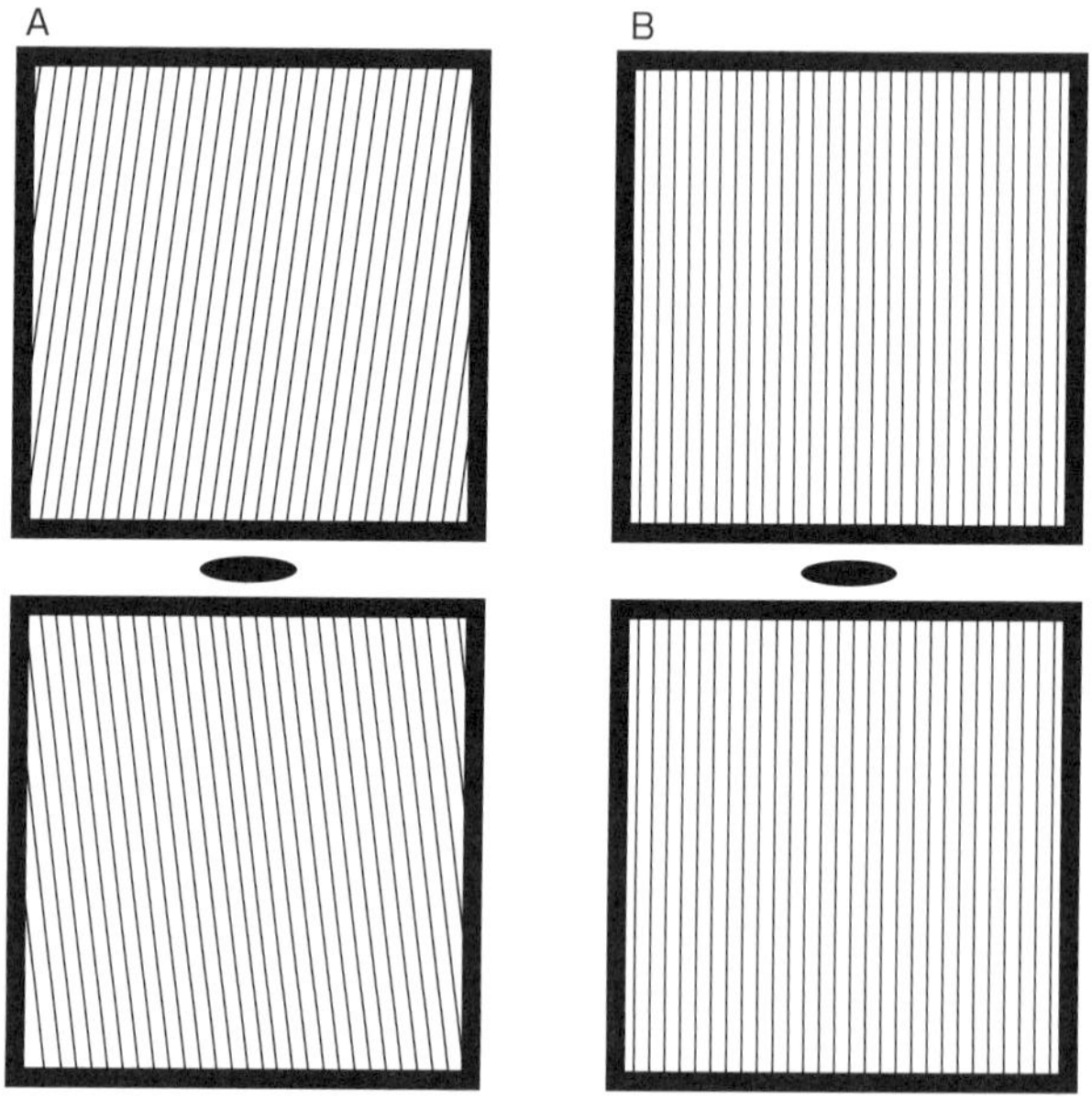

図4-11　傾きについての視覚的順応

プットがだんだん弱くなるのである。

色の見え方は、複数ある色の処理系のアウトプットのバランスによって決まる（大山正『色彩心理学入門』、1994、金子隆芳『色彩の科学』、1988）。そのため、色彩の順応の特性を使うと、白黒写真をカラー写真のように見せることが可能となる。集英社新書HPの本書の紹介ページ上に、この現象を説明する図を掲載した（http://shinsho.shueisha.co.jp）。HP上の図はカラー写真を加工した図から白黒写真に変化する。すなわち、あるカラー写真の色彩を補色に変換した絵の中央にある☆印を30秒から1分程度注視した後、この写真を白黒にした図の☆印を見ると通常のカラー写真のように見えるだろう。補色の処理を行なう過程が順応によってアウトプットを弱めると、それ以外の色のアウトプットが相対的に強くなる。そのため、白黒写真があたかも普通のカラー写真のように見えるのである。

なお、この順応は色の知覚だけではなく、ほとんどすべての知覚現象において生じる。傾きの順応を引き起こすためには、傾いた線を並べた図4－11A中央の楕円をしばらく見た後、垂直線を並べた図4－11B中央の楕円を見ればよい。上枠では右、下枠では左に傾いた図4－11Aに1分程度も順応すると、その結果として、図4－11Bの垂直線が上下それぞれの枠内で少しばかり左と右に傾いて見えることだろう。

運動にも順応がある。上から下に水が落ちる滝をしばらく見た後、止まっているものに目を移すと、滝とは逆の方向、つまり下から上への動きが見えるだろう。

順応は、私たちの知覚が時間の中で変化する原因のごく一部である。紙数がないので詳細な解説はできないが、順応以外にも、学習や、注意の効果などによって、私たちの知覚内容は変化していく。同じものを見ていたとしても、私たちの知覚の内容は時間の経過とともに少しずつ変化しているのだ。

◇錯覚は共有されている

ここまでみてきた現象は、私たちが体験している出来事の時間的特性が、物理的な時間的特性と乖離し得ることを示している。また、様々な要因によって、その乖離の仕方が変化することが知られている。

時間的な錯覚は、ここに紹介したものばかりではなく、まだ様々なものが存在している。空間における錯視と同様、これからも新しい錯覚が発見され、それを通して人間の知覚認知における情報処理過程の特性の理解が進むことだろう。

重要なのは、このような知覚の遅れや時間に関する錯覚は、知覚のいい加減さを示すものではないということだ。

第2章、第3章でみた知覚の一般的特性と同様、人間であれば、皆同じようにこのような遅れや錯覚が生じ、それに基づく体験を共有している。また、様々な要因が体験される時間に及ぼす効果や、物理的刺激の特性と体験される特性との間には一定の規則性がある。この規則性や、人間一般の時間体験に適用できるような特性を理解することができれば、私たちが自分の特性についてまだよく知らないという状況は、少しずつ改善されるだろう。そのことの重要性は第6章で再び取り上げてみたい。

第5章　時間の長さはなぜ変わるのか

◇時間の評価

本章では、体験される時間の長さにおける特性について解説する。

同じ1時間でも、人によってその長さは違って感じられる。また、同じ人であったとしても、同じ長さのはずの1時間がなかなか過ぎないように感じられたり、あっという間に過ぎてしまったように感じることがある。

このような感じられる時間の長さは、心理学では「時間評価」の問題として調べられてきている。つまり、ある特定の時間の長さをどの程度として見積もる（評価する）か、という問題である。

◇時間評価に影響を及ぼす主な要因

これまでの研究によって、体験される時間の長さに影響を及ぼす要因には複数あることが知られている。ただし、それらの要因は、まだ完全にリストアップされているわけではない。今後の研究によって、さらに重要な要因が発見される可能性が残されている。ここでは、これまでに見出された要因のうち、特に効果の大きいものについて紹介する。

まず挙げなくてはならない要因は、実際に経過した物理的な時間の長さだ。実際に経過した時間が長ければ、他の要因が一定なら、より長い時間として体験される。当然のことだろう。ただし、その他の要因によって、物理的時間がより長くても、感じられる時間はより短くなることもある。このような要因のうちの主なものとして、身体の代謝、心的活性度、時間経過への注意、他の知覚様相など（松田文子ら『心理的時間』、１９９６）を挙げることができる。

こうした要因は、何か単独の原理に基づいて感じられる時間の長さを変化させているわけではなく、それぞれの要因が固有の原理に基づいて別々に感じられる時間に影響を及ぼしていると考えられている。複数の要因が同じように実際よりも長い時間を感じさせるような状態にある場合、それぞれの要因が単独でもつ効果よりもさらに長い時間と感じさせるような相乗効果があるのだろうか。また、特定の要因が実際よりも長い時間と感じさせるような状態にあり、他の要因が実際よりも短い時間と感じさせるような状態にある場合、感じられる時間の長さはより効果の大きな要因のみで決まってしまうのか、あるいは、効果の減算のようなことが起こるのだろうか。複数の要因によって感じられる時間がどのように決定されているのかという問題に関しては、まだほとんど検討されていない。まだそれぞれの要因が単独で時間評価に及ぼす効果が他の要因の効果と切り離して検討されるのにとどまっているのが現状である。

では、それぞれの要因と時間評価との関係をみていこう。

◇身体の代謝で変わる時計

感じられる時間と物理的時間の進み方の違いは、心的時計、または内的時計（inner clock）と実際の時計（物理的時計）の時間の進み方の違いとして、考えることができる（図5－1）。物理的時計は、第1章でみてきたように、一定の速度で進むものとして作られている。それに対して、心的時計は様々な要因によって進み方を変える。

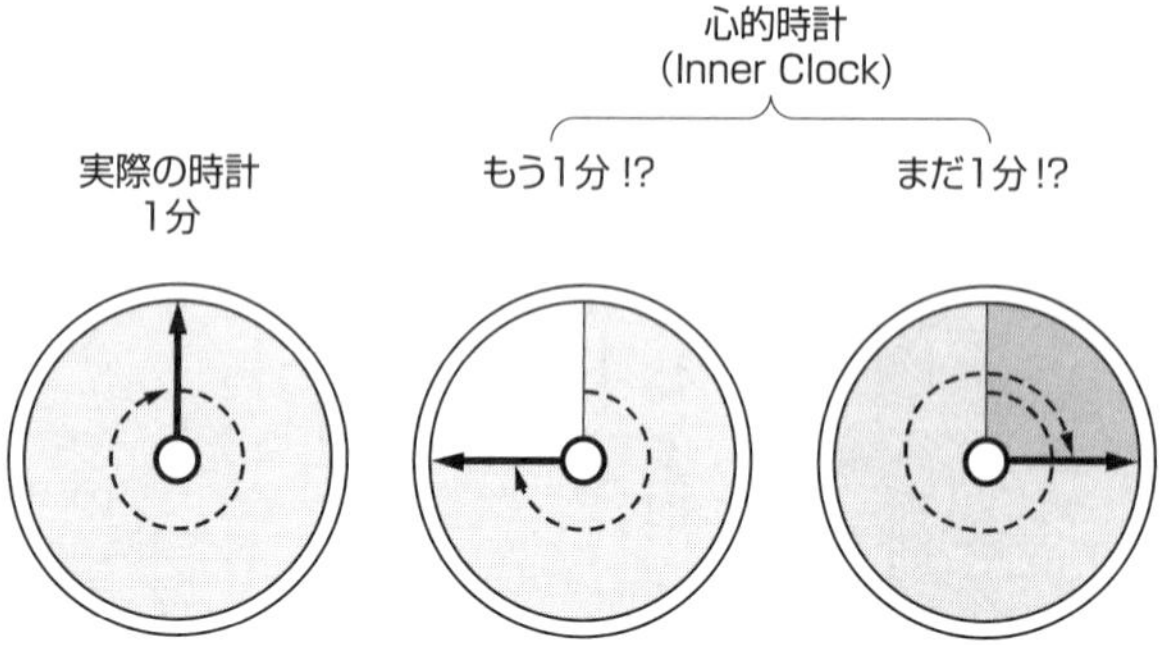

図5-1　実際の時計、心的時計の進み方と時間の長さの感じ方

たとえば、物理的時計で1分間経ったのに、心的時計はゆっくりと進んだため、45秒しか経っていなかったとする。このとき、1分間経ったと聞かされると、「もう1分なの!?」と驚く。ところが、心の時計が1分15秒経っていたとすると、物理的時計では1分が示されていたとなると、「まだ1分なの!?」と驚くことになる。

この心的時計の進み方は、身体的および心的な活性度に対応していると考えられる。つまり、身体や心が活性化しているときや代謝が激しいときには、心的時計が速く進み、場合によっては物理的時計よりも速くなる。他方、代謝が落ちているときは、心的時計がゆっくり進む。

身体的代謝によって心的時計の進み方が変わることは、様々な要因で時間の長さの感じ方が変わることに関連している。たとえば、年齢や1日の時間帯（起床してからの時間）や感情状態によって感じられる時間の長さが異なることには、この心身の活性度が影響を及ぼしているものと考えられている。

本書の冒頭で述べたように、年齢に関しては、年を取るほど時間が経つのが速く感じられるという傾向が知られている。これには様々な要因が寄与しているが、そのうちの一つが、加齢に伴う身体的代謝の低下である（その他の要因については後述）。

身体的代謝が落ちると、それに伴って心的時計の進み方も遅くなる（年を取るにつれ、時計を動かしている動力源のゼンマイがゆるくなっていくような状態を考えるといいかもしれない）。そのため、時計の刻む1分、1時間、1日、1年は、心的時計よりも速く進む。実感としては、1分、1時間、1日、1年経つのはまだ先と感じられるため、時間が速く進んだように感じられるのだ。

年齢が異なれば、感じられる時間の長さは変化するが、同じ年齢の人であれば皆同じように時間を感じるわけではない。また、同じ人であっても、1日のうちで時間の感じ方は変化する。たとえば、1分間を評定させたり、産出法（特定の時間の長さを被験者に主観的に測定させる方法）によって産出させたりすると、朝方は心的時計がゆっくり進行し、午後に向けて徐々に速くなることが知られている。第3章でもみたように、サーカディアンリズムからも1日の活動パタンは影響を受けている。

実は、身体的代謝も1日のうちで変動する。朝、7時ごろ起床したとする。起床後すぐの時間帯の代謝は低下している。やがて時間が経過するに従って代謝は激しくなり、午後2時ごろにピークを迎え、そしてまた徐々に低下し、睡眠中も低下している。

このような身体の代謝のリズムと、それぞれの時間帯に実施された時間評価の傾向は、おおよそ対応している。たとえば、起床後すぐの朝の時間帯には心的時計はゆっくりと進む。心的時計の進む速さは午後にピークに達し、以後は次第にゆっくり進むようになる。

動物種によって主観的時間が異なるのではないか、という考え方（本川達雄、１９９２）も、同じような根拠に基づいている。身体的代謝のペースは動物種によって大きく異なる。人間の身体的代謝は、ネズミよりもゆるやかだが、ゾウよりは盛んである。このことから、ネズミは、人間やゾウよりも心的時計が速く進んでいるのではないか（したがって、時間がゆっくり流れているように感じているのではないか）という考え方である（ネズミの感じている時間が人間よりも長いのかを直接的に解明した研究は、まだないようである）。

一般的に、身体的代謝が激しい小動物は、1秒あたりにできる動作の数が、人間より多いのは確かである。このことから、身体的代謝の激しい小動物は人間よりも時間の流れをゆっくり感じていると考えることは、合理的といえるだろう。

身体的代謝と時間の感じ方が対応しているということから、時間評価の傾向を毎日チェックすることで身体の健康状態を管理するという手法も提案されている。

たとえば、毎日、だいたい同じ時間帯に主観的な1分を産出法などで測定する。なかなか正確な評価は難しいと思われるが、同一人物であれば、一定のバラツキをもってだいたい同じような値になることが期待できる。この際、普段の評定値よりも長めの評定値（つまり、心的時計がゆっくり進んだことを示唆する）が得られたときには、身体の調子が落ちているのを疑うことができるだろう。逆に、普段よりも短めの評定値が得られたときは、身体的代謝が普段より活発であることが示唆されているものと考えられる。ただし、異常な発汗や悪寒の傾向があるときは、発熱などの可能性もチェックすべきだろう。身体的代謝が落ちているときは、あまりスケジュールを入れすぎないほうがよいかもしれない（自己の身体状態と合わせた「時間との付き合い方」に関しては第7章で説明する）。

発熱しているときは、普段より身体的代謝が激しい。そのため、熱が出たときには普段と比べると時間がゆっくり進むように感じられる。風邪などで熱がある場合、ベッドに入ってもなかなか寝つけず、そろそろ夜が明けてしまうのではないかと思って時計を見たらベッドに入ってからまだ1時間程度しか経っていなかった、などということも起こり得る。

◇感情によっても心的時計の進み方は変わる

感情の状態によっても、時間の長さは異なって感じられる。たとえば、Watts & Sharrockの研究では、クモ恐怖症の人に、クモと一緒の空間の中で過ごしてもらった際に感じられる時間の長さを調べる実験を行なった。この実験では、クモ恐怖症の人は、クモに対して恐怖を感じない人と比べるとクモとともに過ごす時間をより長く感じることが見出された。死の恐怖も時間を過大に評価させ得ることが知られている。

交通事故が起きた際に、そのときの目の前の出来事がまるでスローモーションのように見えたと報告するドライバーがしばしばいる。こうした現象は、事故の際の実際の時間の感じ方を反映しているのか、あるいは記憶における特性を反映しているのかはよく分からない。ただ、事故のときのように極度の緊張を感じる際には、心的時間のほうが物理的時間よりも速く進行する(したがって、目の前の出来事はスローモーションのように見える)ことを示唆する研究はある。

この研究では、バンジージャンプで真っさかさまに落下中の人に、手首に装着した高速で文字列を提示する液晶ディスプレーを観察させた。その結果、普段であれば文字が見えないほどの速さで素早く文字列を提示しても、落下中の観察者には文字が見えたことが判明したのである。この研究は、極度の緊張状態にあるときには血中のアドレナリン濃度が高くなることが、この現象の基礎にあることを示唆している。

おそらくこれらのことと関係しているが、カフェインのような興奮作用のある物質の摂取には経過した時間を過大評価させる効果があり、逆に、鎮静作用のある薬物の摂取には、経過した時間を過小評価させる効果がある。

◇時間経過への注意

時間経過に注意が向くほど、同じ時間がより長く感じられることも知られている。退屈な会議に出席していたとする。その会議が早く終わらないかと時間の経過が気になって何度も何度も時計に注意が向く場合などは、時間がなかなか経たないような印象を受ける。

他方、楽しく時間を過ごしているときは、あまり時計のことなど気にならないだろう。気がついたらもう帰らなければならない時間だ、というケースがしばしば起こる。また、試験のときなど、問題を解くのに集中していると、あっという間に時間が経ったような印象を受けた経験をもつ人も多いと思われる。

この現象が、どのような基礎的メカニズムのうえに成り立つのかは、まだ特定されていない。しかし、本章の冒頭でも述べたように、時間経過に注意が向けられるほど感じられる時間が長くなるという傾向は、身体の代謝や感情の状態が感じられる時間に及ぼす効果とは異なる原理に基づくものと考えられる。

時間経過への注意は、身体の代謝や感情の状態とは直接的には連動していない。それぞれ独自に変動し得るのだ。

時間経過に注意が向けられる回数が多いほど時間が長く感じられるという現象に関しては、時間の経過に注意が向けられるほど、時間経過が多くの部分に分節化され、その分節化された時間帯の数が多いほど時間を長く感じるとする仮説もある。時間の経過に注意を向ける回数に対応して、心的時計の目盛りの数が増えるのに、1目盛りあたりの針の進む速さはいつも同じであるため、時間の進行がゆっくり感じられるのかもしれない（図5－2）。

この特性からすれば、時間の経過を気にしながら待つという行為は、時間がなかなか経たないと感じることにつながる。ここにも、大人の時間はなぜ短いのか、という問題を解くカギがありそうだ。つまり、子供と大人との時間の感じ方の違いに関して、子供のほうが待ち遠しい行事（あるいは時間が速く経過してほしい事柄）が多いこと、それに対して、大人では日常の多く

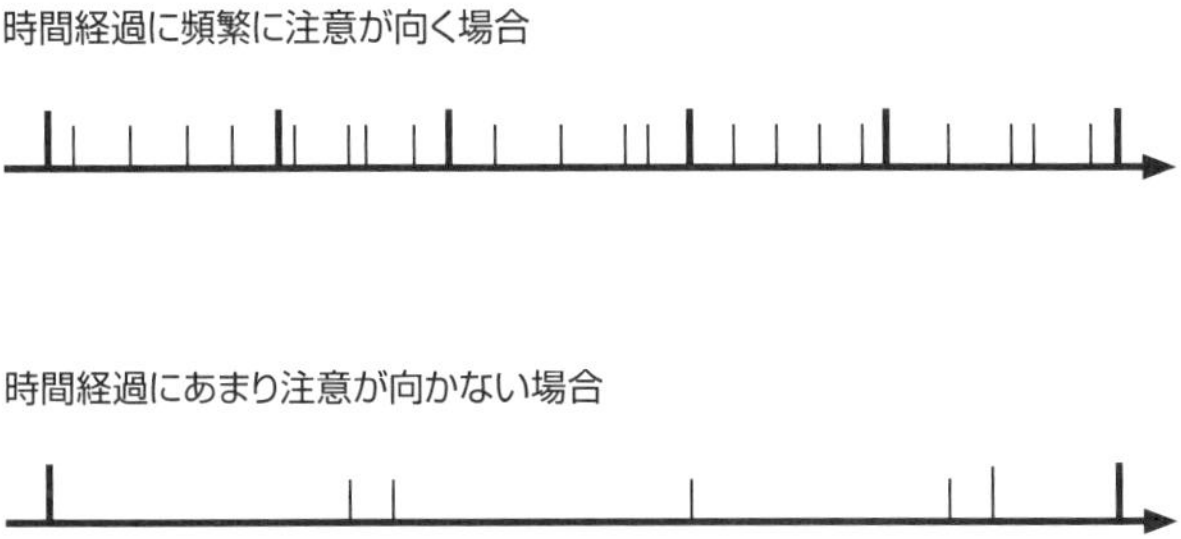

図5-2　時間経過への注意の頻度と時間の長さの感じ方

の出来事がルーチンワークとなっており、待ち遠しいことも子供ほど多くないことが関与している可能性もある。

◇広い空間は時間を長く感じさせる

時間知覚以外の知覚様相における知覚量が、感じられる時間の長さに影響を及ぼすことが知られている。

たとえば、より大きな空間で時間評価を行なったほうが、小さな空間での時間評価よりも長くなる傾向がある。また、より大きな音が鳴っている環境での時間評価は、小さな音が鳴っている環境での時間評価よりも長くなる傾向がある。

大事なのは物理的な大きさではなく、感じられる大きさらしい。なぜなら、大きさに関する幾何学的錯視を用いた研究によって、物理的な大きさは同じでも、錯覚によってより大きな図形が見えた場合ほど、時間が長く感じられるということが示されているからだ（Ono & Kawahara, 2007）。

映像の運動が時間評価に影響を及ぼすことも知られている。たとえば、自然画像からなる動画像のスローモーション再生中に数百ミリ秒間提示された視覚刺激の時間は、通常速度で再生中に提示された視覚刺激の時間より短く知覚される（Eagleman, 2004）。一方、早回し再生中に提示された刺激の時間は、より長く知覚される（西村好古、２００６；Tayama, Nakamura, Aiba, 1987）。

時間以外の知覚様相が時間評価に影響を及ぼすという傾向は、特に子供に顕著である。また、同じ大きさの空間でも、子供のほうが大人よりも大きく判断することが知られている（戸沼幸市、１９７８）。自分の通っていた小学校を大人になって訪れた際に、校庭がずいぶんと小さく感じられたという経験はないだろうか。同じ空間でも子供のほうが広く判断するということは、さらに子供の時間評価を大人より長めにする傾向を強めるものと考えられる。

ただし、子供のもつ時間概念は、様々なところで大人のもつ時間概念と異なっていることが知られている。

松田文子氏は、学齢期以前の子供においては、速いものほど時間がかかるという逆説的な認知がなされていることを示した（本来は速いものほど時間がかからないはず）。同じ距離を移動する際には「速度」と「移動に必要となる時間」は反比例の関係になるはずだが、学齢期以前の子供は、速度と移動に必要となる時間とが比例関係になるものと感じているのである。

◇脈絡やまとまりが時間を短くする

同じ長さの時間であってもその間により多くの刺激が提示されるほど、長い時間と感じられる。また、物理的には同じ数の要素からなる刺激であっても、その要素のうちのいくつかをまとまりのあるものとして知覚した場合は、それぞれの要素を独立したものと知覚した場合よりも時間が短く感じられる。

たとえば、相互に無関連な映像を次々と見せられた場合と、同じ映像の中に何らかの脈絡（ストーリー）が見出された場合とでは、後者のほうが時間が短く感じられる。また、ただ単語を読み上げた場合よりは同じ単語数からなる短い童話を読んだほうが、時間が短く感じられる。

知覚された出来事の数が増えるほど感じられる時間が長くなるという効果についても、大人よりも子供において顕著であることが知られている（松田、２００４）。また、単語の読み上げにかかった時間を評定させる課題では、全体では同じ文字数でも、単語の数が少ない場合（つまり一つ一つの単語が長い場合）のほうが、時間が短く感じられるという傾向も、特に子供において顕著である。これは、刺激に対する視覚や聴覚におけるまとまりが、時間の長さについての感じ方に影響を及ぼしていること、こうした効果は大人よりも子供において著しいことを示唆している。

同じ時間の長さであってもイベントの数が多いほど時間が長く感じられるという傾向が、大人よりも子供において顕著であることとは、子供と大人の時間の感じ方の違いに関係していると思われる。生活の中での特別なイベントは、大人よりも子供のほうが多いだろうし、それは生活の時間を細かく（つまりより多くの分節に）区分することになる。

同じように、様々なイベントを体験した場合も、おそらくは子供のほうが大人より多くの時間的な分節を行なうことが容易に想像できる。

たとえば食事というイベントを考えてみよう。多くの大人にとって毎日の通常の食事は栄養の摂取のための単独の出来事でしかないのではないだろうか。ところが、子供は毎日の食事であってもその間にいろんな出来事がある。米粒の形を観察したり、皿の上のスパゲッティで形を作って遊んだり、嫌いなグリンピースを他の物から選り分けたり、いろんな出来事が起こっている。誤ってコップの牛乳や料理の盛られた皿をひっくり返してしまったら、その片付けのためにさらに多くの出来事が生じてしまう。

同じ数の出来事があっても、その数が多いほど時間が長く感じられるという傾向が、大人よりも子供において顕著だとすれば、子供は大人よりもさらに長く時間を感じることになるだろう。

◇**難しい課題は時間を短くする**

計算式を解いている最中は、時間が短く感じられる。その傾向は、問題が難しいほど顕著になる。同様の現象は、図形のグループの中からターゲット図形を選び出す課題においても認められている。

認知的課題の難易度が時間評価に影響を及ぼすことは、車を運転する際に適正に行なわなければならない判断にも関わりがあることが指摘されている。

まっすぐな道を走行するよりも、右折のほうが困難である。この難易度の差が時間評価に影響を与えるのである。すなわち、まっすぐな道を走る際にかかる時間よりも、道を曲がる際の時間は短く評価される傾向がある（島村千樹ら、１９９１）。この右折のときに安全な時間の見積もりを誤ることは、右折および左折時の事故の原因になり得るともいわれる。

動作のペースも、時間評価に影響を及ぼすことが示唆されている。たとえば、通常よりも速いペースで歩くと、時間を短く評価する。逆に、通常より遅いペースで歩くと、時間を長く評価する。「精神テンポ」（次項）を測定し、それよりもゆっくりとしたペースで作業をした場合にも、同様の傾向があることが報告されている。

◇心地よいテンポは人によって違う

心地よいと感じるテンポ、間合いは人によって異なる。そのようなテンポに関する個人的特性の一つに精神テンポがある。この精神テンポは、心地よいと感じられるテンポで、机を指で繰り返し叩くような方法（タッピング法と呼ぶ）で測定されることが多い。一回あたりのタッピングは、おおよそ0・4〜0・9秒の範囲に入る人が多いといわれている。

読者も実際に、自分の精神テンポを測ってみるとよい。何度か練習して、心地よく感じられるテンポがだいたい分かったら、10回（実際は何回でもよい）のタッピングに何秒かかったかを測り、それを回数で割れば、自分の精神テンポがどの程度か見当がつくだろう。

個人の精神テンポは、歩くペースや会話の際の間合いの長さなどと正の相関がある。また、長い年月を経てもあまり変わらないこともこの精神テンポの特徴の一つである。精神テンポがどのように獲得されるのかは、まだ解明されていない。ただ、歩くペースに関しては、居住する都市の人口規模と正比例の関係にあることが、多くの研究によって報告されている。このことから、精神テンポはある程度は環境の影響を受けて獲得されている可能性がある。

作業のペースが自分のテンポと異なる場合、心拍数が上昇することが知られている。このことは、自分のテンポと異なるテンポで行動することが、ストレスの原因になることを示すものと思われる。人によって精神テンポが異なることから、皆が同じペースで作業すること、しかもそれが長時間にわたって続くことは、機械にはできても人間には難しい課題だといえる。

◇鬱と躁、統合失調症における時間

抑鬱状態、躁状態にある人には、それぞれ独特の時間感覚があることが指摘されている（木村敏、２００６）。これは、精神疾患特有の心的状態が、時間感覚の変容と結びついていることを示唆している。

たとえば、木村（２００６）によると、鬱の状態にある人の中には、どうしようもない過去、取り返しのつかない過去にさいなまれる人がいる。未来への展望ははっきりせず、過去の負い目がしばしば現在に侵食してくることもあるようである。将来について考えることが無意味に思われ、時間がゆっくりと進んで感じられたりするという。

ただし、時間評価は正確である。それに対し、躁の状態にあるときは、時間がどんどん過ぎていくように感じられることが多いという。

また、統合失調症についても、独特の時間感覚があることが指摘されている。たとえば、実際にはすでに50歳を越えているのに、いつまでも自分が子供だとか、10代だと自覚したりする場合がある。あたかも時間が止まっているように感じられているといってもよいかもしれない。時間評価については、個人差や個体内差が大きいようである。

◇加齢と時間評価

年を取ると感じられる時間の長さが変化すると、古くからいわれている。実際に、加齢が時間評価に影響を及ぼすことは、多くの心理学的研究によって示されている。ただし、加齢の効果を検討した研究においては、実験に用いられた課題や取り扱われる時間の長さの範囲によって、現われ方が異なる傾向が見出されている。

たとえば、数十秒から数時間にかけての時間を対象とした場合、何らかの課題を実行させ、それにかかった時間の長さを口頭で報告させる際、年齢を経た人ほど短い時間を報告する。他方、ターゲットとなる時間の間だけボタンを押させるような産出法では、数十秒から数時間にかけての時間がターゲットとされた場合、高齢者ほどより長い時間が産出される。

この加齢による時間評価への効果は、時間評価の基礎となる心的時計が加齢に従ってゆっくり進むためであると仮定されている。加齢が進むと、神経生理学的過程や心理学的過程における情報処理の効率や処理の速度が低下する。加齢に伴って心的時計の進み方が遅くなるという考え方も、こうした加齢における神経生理学的・心理学的過程における処理の遅れを想定する理論とよく対応している。

他方、数秒から1〜2分程度の比較的短い時間を用いて、口頭で時間評価したり産出を行なわせた研究では、前述とは逆の傾向を見出した例も多い。すなわち、課題中の時間が加齢に従って長くなること、産出法で産出される時間（特にカウントさせた場合）は高齢者ほど短くなることが見出されている。こうした結果については、注意やワーキングメモリー（課題を遂行するのに必要な情報を一時的に保持する記憶過程）の容量が、加齢によって減少することに基づいて生じることが示唆されている。

なお、ある特定の時間の範囲の中ですべきことが多い場合、しかも、それが自分の能力の限界に近いほどのペースで作業をこなさなければならない場合は、むしろ時間はあっという間に過ぎるように感じられる。たとえば、年を取ると、身体運動能力が低下して、若いころであれば1日でできたことがこなせなくなる。このことも、加齢に伴い、1年や1カ月といった時間が思いのほか速く過ぎるように感じられる（時間の長さが短く評価される）のに関係するものと推察される。

◇産出法による加齢と時間評価との対応関係

産出法を使った時間評価において、加齢の効果がどのようにみられるのか、実際に調べた例を紹介しよう。以下の実験は、筆者が展示の監修として関わった日本科学未来館での『時間旅行』展（2003年3月〜6月）の際に、未来館のスタッフや共同研究者とともに実施したものである。

参加者は展示物の一つである「無響空間」というブース内に靴を脱いで入り、ウレタン状のマットの上に仰臥《ぎょうが》する。実験中、無響空間ブース内は暗室となる。参加者はスタートボタンを押した後、3分（もしくは1分、2分）経ったと感じた時点で、もう一度ボタンを押す。ブースの外壁にタイマーの数字が提示されており、測定後、各参加者は自らの評定値を見ることができる。研究にデータを使用することに同意した参加者は、自分の結果を記録用紙に書き写す。

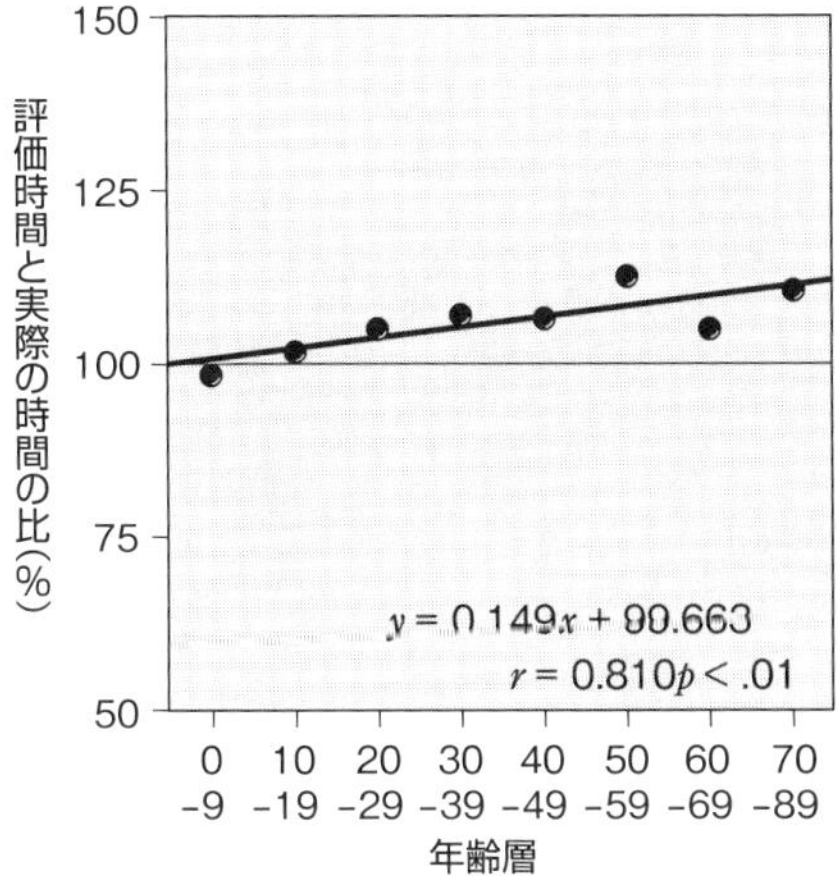

図5-3　年齢と主観的時間評価との対応関係

各参加者が答えたのは、以下の事柄である。年齢、性別、評定した時間、ターゲットとした時間（基本は3分。その他館が混んでいるときには1分、2分の場合もあった）、ブースの中でのリラックス感（リラックスした／ワクワクした／どちらでもない）、ブースの中の快適感（快適だった／不快だった／どちらでもない）。

結局、評価時間について記録を残してくれた参加者4620人のうち、全項目の記録を残した参加者は3526人だったので、その結果を分析に用いた。年齢は4歳から82歳までにわたっていたが、これだけ幅広い年齢層の参加者を得るのは、なかなかない機会である。

年齢と主観的時間評価との対応関係を大づかみで理解するために、これらの間の相関を検討したところ、統計的に有意な正の相関が認められた。つまり、年齢を経るほど経過時間を過小評価することが確認された（図5―3参照）。

従来から知られている通り、年を取るほど、同じ時間をより短く感じる（時間があっという間に過ぎるように感じる）傾向があった。具体的には、3分間をターゲットと考えた場合、2〜4歳年を取るごとに、評定時間が1秒長くなるという結果が出た。

また、リラックスした状態では経過時間が過小評価されることが見出された。心的活性の程度が著しくなるのに伴い、評価する時間が長くなる傾向があるものと考えられる。

この測定では、さらにいくつかの興味深い発見があった。

代表的なものは、性差の存在である。すなわち、10歳未満では、女性のほうが男性よりも評価する時間が短い傾向があった。他方、10代では、逆に男性のほうが女性よりも評価する時間が短い傾向があった。20代、30代、50代では明確な性差は認められなかった。さらに、40代、60代では女性のほうが男性よりも評価する時間が短くなった。ただし、さらに上の年齢層（70代以上）では女性の主観的評価時間は極端に長くなった。

このように、年齢によって知覚における性差の出方が異なるのは、性ホルモンの分泌と対応させて考えられることが多い。たとえば、運動の視覚感度は女性のほうが高いのだが、このような性差が現われるのは第二次性徴期以降の性ホルモン分泌と対応することがいくつかの研究によって示唆されている。このときの結果も、性ホルモンの分泌と時間評定との関係を示唆するものなのかもしれない。

なお、以上はあくまでも3526人の被験者の傾向を集約した結果である。若くても経過時間を過小評価する人もいれば、高齢者で過大評価する人もいた点は述べておいたほうがよいだろう。例外的な被験者がいたとしても、全体の傾向としては、加齢に従って時間の長さを過小に判断する傾向が強かったということである。

このように、加齢が時間の長さの感じ方に影響を及ぼすことを示す研究は多い。現象としてはかなり安定したものといえる。ただし、この加齢効果の基礎にあるメカニズムはまだ特定されていない。心的時計や、新陳代謝の変化、注意の存在、ワーキングメモリーの機能低下など、様々な原因が考えられているが、こうした仮定の妥当性の検証や、これらの要因の間の相互作用における特性の理解については、今後の研究に委ねられているのが実情である。

第6章　現代人をとりまく時間の様々な問題

◇現代社会における時間

本章では、人間の時間的制約や特徴によって生じる、現代社会における、様々な時間的問題を整理する。

現代社会で私たちが適用している時間との付き合い方と、これまで紹介してきた人間が体験する時間の特性との間には、とても厄介な問題があるように思われる。特に、人類史上例をみない現代社会特有の三つの問題点——時間の厳密化、高速化、均質化についてみてみよう。

◇厳密化する時間

これまでみてきたように、私たちにとって直接的に触れることのできる時間、私たちが体験している時間は、様々な要因で伸びたり縮んだり、場合によっては順序がひっくり返ったりするような特性をもつ。また、体験される時間は個人によって異なる。複数の人が同じ部屋で同じ1分間を過ごしたとしても、感じられる時間の長さは人それぞれで異なっている。さらに、特定の個人においても、様々な要因（たとえば、起きてからの時間や感情的状態、時間経過に対する注意など）によって、感じられる時間は異なる。

他方、私たちは社会生活のペースを時計の時間に合わせている。この時計の時間は、第1章でみたように、原子時計によって正確に特定される、世界で共通の一様な時間だ。多様である人間が体験する時間と、一様な公共の時間（時計の時間）とは、異なるものである。

ところが、現代における多くの社会では、誰もが同じ公共の時間として、時計の時間に従って生活することを強いられている。特に日本では、交通機関をはじめとして、公共の時間に対して、かなり厳密に対応することが求められる場合が多い。

かつて教会や社寺の鐘の音が告げていた公共の時間は、今や家庭や職場にある時計によって、個々人に告げられている。そればかりか、誰もが腕時計や携帯電話の時計機能を使って公共の時間をもち歩き、それに合わせて行動している。１００年前と比べると、公共の時間は、明らかにより小刻みに規定され、私たちの生活パタンの決定過程に入り込んできている。

◇高速化する生活

科学技術の発展により、移動手段は高速化した。蒸気機関車による公共交通機関の高速化が始まるまでは、人間自身の走る速度が一般人の体験する最速の移動速度だった。確かに、風力などを利用した船や馬を使うことによって、自身で走るよりも速く移動することは可能ではあったろう。しかし、そのような高速の移動は、多くの人には縁がなかった。

自分自身の足で走る場合、どの程度の速度での移動だったのだろうか。通常、世界最速の人と呼ばれるのは、陸上競技の１００メートル走のオリンピック金メダリストや世界記録保持者である。このような短距離走の選手は、10秒弱の時間で１００メートルを駆け抜けることができる。本稿執筆時点での

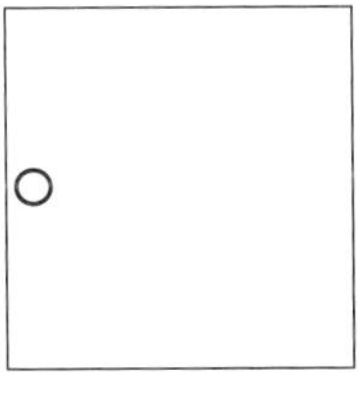

男子100メートル走の世界最高記録はウサイン・ボルトの9秒69である。このような速度で100メートルを駆け抜けるためには、天性の身体能力だけではなく、過酷なトレーニングによる身体の鍛錬や技術の習得が必要だったことだろう。

男子マラソンの場合、執筆時点での世界最高記録はハイレ・ゲブレシラシエの2時間4分26秒である。40キロメートル以上の距離をこの速度で走ることにも、短距離同様、才能や努力が必要だろう。

とはいえ、100メートルを10秒弱という世界最速の速度は、平均するとせいぜい時速37キロ程度である。マラソンに至っては、世界記録保持者でさえ、平均速度は時速約20キロということになる。走るということに対する天賦《てんぷ》の才能や様々なトレーニングを積んだとしても、私たちの肉体が到達可能な速度は時速約40キロ程度のところにあるとみていいだろう。

ところが、短距離走の選手やマラソン選手のように強靱《きょうじん》な肉体をもたなくても、また、特別なトレーニングを積まなくても、車さえもっていれば、私たちは難なく時速40キロの速度で何百キロと走行できる。日本の市街地の多くの車道では時速が40キロ以下に制限されているが、車での移動に慣れた多くの運転手にとっては、この制限速度は速いとは感じられないだろう。だが、この時速40キロという速度は、私たちの肉体だけで可能な移動速度の限界をすでに超えているのである。

人間にとっての移動は、もともと歩いたり走ったりという、自分の身体を使った手段に基づくものだったはずだ。つまり、たいていの人間が経験する最速の移動速度は、せいぜい平均時速20〜40キロだったと考えていいだろう。ところが、技術の発達で高速の移動手段を手に入れた私たちは、これまでの自然環境下での進化の過程では経験することのなかった速度で移動している。

◇高速化する情報伝達

科学技術の発展は、私たちの移動の高速化を可能にしただけではなく、情報伝達に要する時間も短縮した。かつて個人間の情報のやり取りとしては、会話や身振り手振りを利用するのが一般的だった。この場合、その場に居合わせた人に情報を伝達することはできるが、その情報をより多くの他者に伝えたい場合には、個人間の情報のやり取りを繰り返すことが必要なため、どうしても時間がかか

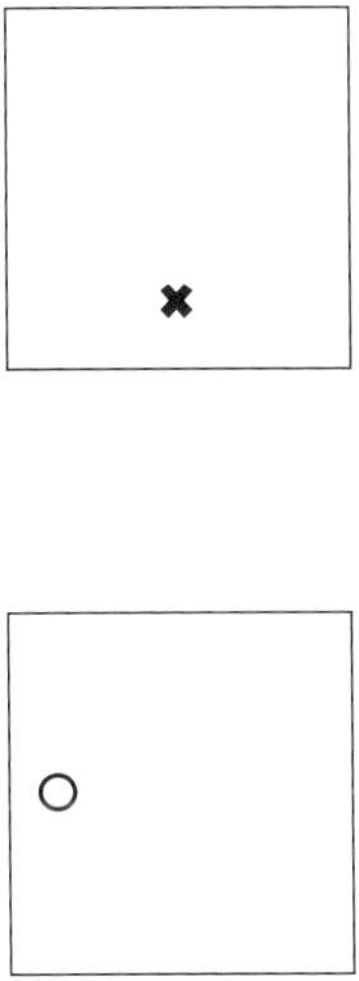

ってしまう。また、やり取りの間に、伝達される情報の内容に様々な変更が加えられ、最初の情報とはまったく異なる事柄が伝えられるということもあり得る（伝言ゲームを考えてみればよい）。

しかし、今や、多量の情報を短時間で、しかも、正確に多方面に伝達できる。会話の音声や身振り手振りの映像情報を、瞬時に世界中に配信することが可能になったためである。テレビなどでは、登場人物の会話の音声や映像以外に、その時々の最新のニュースや天気予報、株価などのマーケット情報など、複数の情報を並行して表示するようなことも日々行なわれている。

◇均質化する時間

第1章でみたように、物理学的時間や時計の時間は均質で特異点をもたない。他方、第4章と第5章でみてきたように、私たちが体験する時間は均質的ではなく、時計の時間としては同じ時間の長さでも、身体的状態や心的状態によって異なる長さに感じられることがある。

しかし、現在、私たちの生活の時間は、均質化される方向に変化しつつある。たとえば、日本をはじめとした東アジアの工業地域や、北米、ヨーロッパにおける都市部では、太陽の光がなくても人工的に作り出す光のおかげで、私たちは夜中でも様々な活動をすることができる。

人類は長い間、地球の自転に伴う太陽の出入り（つまりは地球の自転周期）に対応して生活のリズムを整えてきた。しかし、安定した照明技術を手に入れた今、もはや太陽の出入りや地球の自転の周期に生活のパタンを合わせる必要はない。太陽が地平線の向こうに隠れ、夜が訪れた後でも、蛍光灯や白熱灯の明かりのもとで様々な作業を続けることができる。昼間と夜間という時間の分節は、かつてほど人間の生活パタンを限定していない。

また、農林水産業における栽培や養殖の技術の発展、流通網の世界的な展開によって、季節にそれほど依存せずに様々な野菜や果物、海産物を得ることが可能になった。このことも、季節や時期がかつてもっていた特異性を失い、生活の時間が均質化しつつあることを示している。

◇都市の生活時間の均質化

特に近年の日本では、時間の均質化はこれまでになく急速に進んだ。

たとえば、一日中コンビニエンスストアが開いていて、いつでも生活必需品や食品を手に入れたり、公共料金の支払いをした

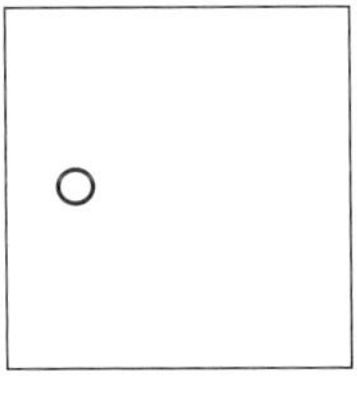

りできる。そればかりか、外国の紙幣やコンサートチケットも手に入れることができる。宅配便や郵便で荷物を送ることもできるし、インターネットで注文した本などを受け取ることもできる。その名の通り、とてもコンビニエント（便利）な状況といえる。

最近、エコロジーに対する配慮から、コンビニエンスストアの24時間営業は批判的な目で見られることもあるようだ。しかしながら、このようなサービスを実現するためには、多くの努力がなされたことだろう。様々な時間帯に効率的に商品を配送するシステムや、あらゆる時間帯での勤務に対応できる労働力を供給する労働力市場が成立していなければ、現在あるような365日24時間オープンの店舗を運営することは困難だったはずだ。

また、実際に社会的ニーズがあったからこそ、日本においてこうした業態が成功したものと思われる。筆者自身、深夜のコンビニエンスストアはよく利用するし、その便利さを実感している。あらゆる時間に、望むような経済活動ができるという生活の時間の均質化は、私たちの利便性の追求、つまりは私たちの欲望の充足への応答として発展してきたとみることもできる。

現代の日本社会は、均質化された時間に基づく利便性の恩恵を最もよく体現している社会といえるかもしれない。あらゆる時間帯において生活雑貨や食品が手に入ったり、様々なサービスを受けられるという状況は、日本で特徴的かつ急進的に起こっている現象と思われる。

多くの国においては、日本のコンビニエンスストアのような365日24時間営業の店は一般的ではない。日本は夜中でも治安が良いこと、流通網が発達していることなど、様々な要因を挙げることができるだろうが、まずはいつでも使える店に対する一般消費者の強い欲望が存在していたことが大きかったものと考えられる。

◇特異点としての曜日

たとえば、時間の均質化が日本ほど急進的ではない社会の例として、宗教上、安息日が設定されている文化圏を挙げることができる。そのような文化圏では、安息日に経済活動を行なうことを良しとしない風潮が、いまだにある。

たとえば、筆者は1990年代の中ごろの数年間、カナダのオンタリオ州トロントに住んでいたのだが、そこの生活習慣や法制度が英国国教会の教義の影響を強く受けていたことにとても驚かされた。当時、安息日である日曜日に店を開けることは違法とされていて、告発されれば罰金を支払わなければ

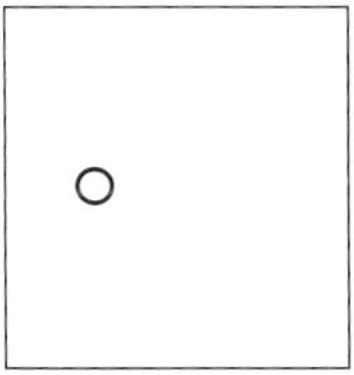

ならなかった。そのため、罰金よりも売り上げのほうが大きくなるような大規模店舗は例外として、個人商店の多くが日曜日には開いていなかった。

当時の筆者は、月曜日から金曜日まで研究室に出勤し、土曜日、日曜日が休みという生活パタンだった。金曜日までの仕事で疲れてしまい、日本にいるときと同じ感覚で、土曜日をだらだらと過ごしてしまったとすると、日曜日に買い物やレジャーをと思ってダウンタウンに繰り出しても、ほとんどの店は閉まっていて、何もできない。

日本人の感覚からすると、ちょっと理解しにくいかもしれないが、キリスト教徒にとって日曜日はただの休日ではなく、ちゃんと宗教的に意味づけられた日なのである。1週間のうちに安息日を設けているユダヤ教徒やイスラム教徒にとっても、同様に曜日が宗教的かつ生活習慣上で特別の意味をもっている。

もともと7日からなる週の制度は、キリスト教圏の習慣を取り入れたものであった。だが、日本にその制度が定着する際、それぞれの曜日の宗教的意味合いは薄められてしまったようである。1週間のうちで安息日として位置づけられていた日曜日は、日本では元来の宗教的意味合いを失い、労働を免除された日、休日として定着したといえる。

その後、オンタリオ州の法的規制はゆるめられたらしい。それでも、今も日曜日に休んでいる店は多いようだ。キリスト教の影響力が強い社会でも、経済活動優先で（あるいは欲求優先で）時間を均質化する方向の変化が進んでいるとみることができる。しかし、時間の均質化の程度は、まだ日本ほど極端ではないといえるだろう。

◇無個性化する時間――「特別な日」の喪失

日本では「国民の祝日」でさえ、その特別な意味合いを失うことがある。たとえば、体育の日は、１９６６年から国民の祝日の一つとして定められていた。この日は「スポーツにしたしみ、健康な心身をつちかう」日とされ、当初は１９６４年に開かれた東京オリンピックの開会式が挙行された日付を記念したものであった。また、この日をオリンピックの開会式に選んだのは、オリンピック委員会が気象庁に、よく晴れる日、「晴れの特異日」を問い合わせた結果だったといわれている。つまり、10月10日は「東京オリンピックの開会式の日」「よく晴れる日」という二つの点で特別な日であった。

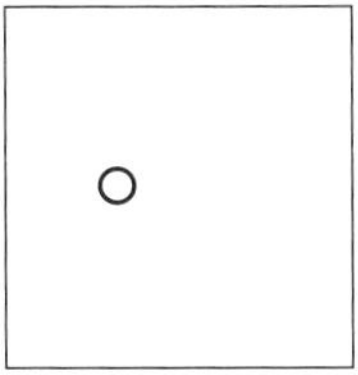

しかし、２０００年に、連休を増やすこ

とを目的とした、いわゆるハッピーマンデー法によって、体育の日は10月の第2月曜日と定められた。これは、行政の視点からいえば、連休が増えることにより、旅行やレジャーに消費者のお金が回りやすくなるという予測に基づく制度変更だった。

つまり、体育の日は、連休を作るために、10月10日という特定の日付から引き離され、年によって異なる日になってしまったのである。おそらく、多くの人にとって体育の日は、「スポーツにしたしみ、健康な心身をつちかう」という国民の祝日としての特別な意味さえも失い、数ある連休のうちの1日という位置づけとなりつつあるのではないだろうか。

同様に、ハッピーマンデー法によって、成人の日（1月の第2月曜日）、海の日（7月の第3月曜日）、敬老の日（9月の第3月曜日）も特定の日付から引き離されてしまった。いずれも第二次大戦後に定められた国民の祝日である。長い歴史的背景があったわけではないので、行政側も変えやすかったのだろう。さらに、より多くの連休がほしいというレジャー産業の経営者や消費者の要望に対応した側面もあっただろう。

◇無個性化する時間——節気の喪失

ハッピーマンデー法では、比較的新しい国民の祝日がその特異性を失うことになった。しかし、古くから馴染《なじ》みのあった特異日が、その特異性を失うということも起きている。

日本では、暦において固有の意味をもつ日が、古くからいくつか特定されている。そのような日として、たとえば陰暦における二十四節気を挙げることができる。

二十四節気は中国伝来で、太陽の黄道上の位置に基づいて1年を24の区分に分けたものである。二十四節気の中でも夏至や冬至、節分や八十八夜などという言葉は、日本人であれば馴染みの深いものであろう。

一方、清明や穀雨、小暑、白露などという言葉を聞いても、あまりピンと来ないかもしれない。ところが、こうした言葉は、それ自体、季節の状態を示していて、今のようにカレンダーの日付で特定の日を指し示すのとは異なる実用性をもっていた。かつては、それぞれの節気が農耕における様々な作業の時期を決める目安になっていたり、祭りなどの行事と関係したりしていたのである。

二十四節気以外の特異な日として、お盆や正月などを挙げることができる。お盆は、旧暦の7月15日を中心に、祖先の霊を祀《まつ》る行事のことである。正月は、本来1月の別

名であるが、元日（1月1日）から「松の内（関東では1月7日、関西では1月15日）」までの期間を指す。かつては、お盆や正月の時期には親族が集まり、様々な行事が行なわれていた。お盆や正月は生活慣習上、もしくは宗教上、特別な意味をもっていたのである。

暦において特別な意味をもっていた日に行なわれていた行事の多くは、もともと農耕に関係したものであった。お盆や正月に親族が集まって行なわれていた様々な行事も、農耕に関連したものが多かった。親族が集まるのも、農耕を支える共同体の維持という実用的機能を果たしていたからと思われる。

多くの日本人が農耕的活動から離れた現在、どれだけの人が二十四節気を挙げることができるだろうか。こうした特異日は、生活上においても特別な意味を失いつつあるようにみえる。

たとえば、筆者が中学生だったころは、正月の三が日は、町中の商店が閉まっていた。しかし現在では、元日から初売りを行なうデパートや商店が増えていることは読者もよくご存じだろう。

現在でも、お盆や年末年始を休みにする会社が多い。しかしそれは、必ずしも、宗教や農耕に関する行事に配慮してということではない。実際、お盆や年末年始の休暇の間、かつてのように様々な行事が行なわれるということは、あまりないのではないだろうか。

ＪＴＢのデータによると、２００６年の年末から２００７年の年始の期間、海外旅行に行った日本人は64万３０００人にのぼったという。国内旅行に出かけた人たちはさらに多かったことだろう。このような日本人の行動パタンからみると、お盆や年末年始における期間は、伝統的な行事に参加する日というよりも、むしろ長期間の休みという位置づけになっているものと考えられる。

キリスト教では、１週間のうちで安息日として位置づけられていた日曜日が、日本では元来の宗教的意味合いを失い、休日として定着したのと類似した時間の均質化の過程が、ここにおいても認められる。多くの人たちが、農耕的な活動から離れ、都市部において共同生活体が小規模になってしまった現在、節気やお盆、正月といった特別な日が長期の連休として以上の意味をもたなくなるという変化が起こってしまうのも、仕方のないことなのかもしれない。

農村から都市へと移住した都市型労働者の労働価値を決めるうえでも、均一の時間というのは好都合である。誰にとっても共通の均一の時間を設定するからこそ、労働に対する報酬の計算に「時給」を用いるこ

とも可能になる。均一な時間に基づく時給という考え方が、様々な時節、時間帯からその特有の意味を消していったという側面も無視できないだろう。

◇経済のグローバル化と時間の均質化

経済のグローバル化も時間の均質化に一役買っている。

たとえ日本が夜であっても、地球の反対側は日中であり、様々な経済活動が行なわれている。世界のどこかでは株や為替の市場が開いており、日本国内からも参加することができる。株や為替の市場に関わる仕事をしている人たちは、様々なアンテナを張り、情報を収集している。また、場合によっては、情報を収集するだけではなく、直接的、間接的に海外の市場での売買に関わることもある。

様々な市場からの情報を収集し、さらにそれらの市場に介入することが可能になっている以上、それに関連する経済活動も24時間いつでも行なわれ得る。実際、そのような活動に関連している人は少なくない。そうした人たちにとっては、それが自らの選択によって行なっている場合でも、会社のような外部から強いられている場合でも、生活の場における朝や昼、夜といった時間帯は、もはやその固有の意味を失っていることだろう。

海外の事業に関わると、どうしても実際に住んでいる土地の時間における活動パタンとは、異なる時間パタンでの活動を行なわざるを得ない局面が出てくる。経済活動のグローバル化は、個々人における時間の均質化を推し進める機能を果たしている。

経済活動のグローバル化がますます進展しつつある現在、時間の均質化を求めるような社会的圧力は、日本だけの問題ではない。デパートのような大型店舗ならば、一般消費者が労働から離れている週末に店を開けることは、利益の追求において少なからず利点がある。また、経済がグローバル化している以上、やがては世界中が、欲求や利便性の追求優先、経済活動優先で、昼や夜、曜日や特別な日といった時間の分節や特異性を失うことになるのかもしれない。実際、インターネットや放送を通して地球上の他のエリアと情報をやり取りするようになると、その土地における時間の特異性（時刻、昼夜、曜日、節気など）も失われるようになるだろう。

経済的なグローバル化が進む現在、生活上の様々な場面において、人間の欲求が時間の特異点を次第に覆い隠しつつあるようにみえる。抽象的な、特異点をもたない、均一な時間へと変化させつつある。

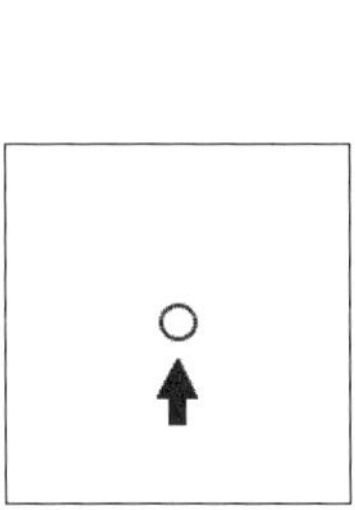

このような均一な時間、いつでも欲求が満たされる（もちろん、お金さえあればという条件付きではあるが）時間とは、常に欲求を満たすことができるという点で、一見豊かな時間のように思える。しかし、特異な点をもたない日々や、均一な時間を生きるということは、はたして本当に豊かなことなのだろうか。

◇現代社会の特殊性

技術の発展は、私たちの生活における時間を、より厳密に規定し、移動や情報の伝達を高速化した。それによって、様々な事柄の利便性が獲得されたのは事実だろう。また、このような技術を発展させる背景に、それを望む私たち自身の要求があったということは否定できない。

しかし、このように厳密な時間を誰もが参照できる社会や、移動や情報の伝達が高速化された社会は、人類の長い歴史では、つい最近になって獲得されたばかりの特殊な状態である点を忘れてはならない。

誰もが参照できるような公共の時間、人類史上特殊な現代社会における時間的特徴は、人間の時間的制約からみた場合、様々な問題があるように思えるのだ。本章の後半では、その問題点についてみていこう。

◇ぎりぎりの行動計画は人間には向かない

時間に対して厳密に行動するということ、つまり、あらかじめ決められた時間の通りに行動することは、人間にとってはかなり難しい課題である。

第5章でみたように、人間が体験する時間は、様々な要因によって変化する。したがって、時計のように均一の時間を刻む道具がなければ、あらかじめ設定された時間の通りに行動することは、個人としてはかなり困難である。しかも、たとえ時計があったとしても、時間経過への注意自体が時間の過大視を引き起こしてしまうから厄介だ。

たとえスケジュールがしっかり決めてあったとしても、人間が特定の時間の中でできる事柄には、数的な限界があることも忘れてはならない。健康なときには特定の時間内にできる事柄が、疲れていると長い時間がかかる。また、課題が多くの認知的負荷をもたらす場合ほど、その遂行には、より多くの時間を要する。やらなければいけない事柄の数が一緒だとしても、それが難しければ、当然それ

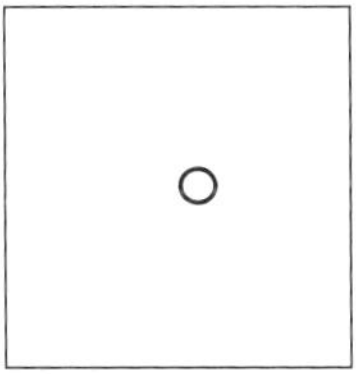

をやり遂げるためには必要になる時間が増えてくる。

こうした人間の時間的特性を考慮すると、限られた時間の中に色々な作業を詰め込んであるようなぎりぎりの行動計画は、作業者にとってはかなり無理があるものと考えられる。

◇人間の能力を超えたスケジュール

2005年4月25日に起きた、JR西日本の福知山線の事故では、大変痛ましいことに107人が命を落とした。この事故では、発生当初から秒刻みのスケジュールが問題視されていた。2007年6月に発表された最終報告書では、直前に引き起こしたオーバーランに対する処分を恐れた運転士が車掌の無線交信に気をとられ、運転から注意がそれ、急ブレーキのタイミングが遅れたことが主な事故の原因とされている。

注意がそらされた場合には認知的処理が遅くなり、反応時間が遅くなることは、第4章でみた通りである。最終報告書が指摘したように、運転から注意がそれたことが事故の直接的原因だったのかもしれない。しかし、そもそも秒刻みのスケジュールの設定自体が、人間の能力を超えていたとは考えられないだろうか。

この事故が起こった日の夕方、たまたま山口大学の時間学研究所の運営会議があった。その会議に参加しつつ、人間の時間的制約を研究している者として、大変な責任を感じたのを覚えている。研究者の自意識過剰かもしれないが、人間の時間的制約について、もっと世間に広がるような情報発信ができていれば、このような事故を避けることができたかもしれないと、研究所のスタッフと話し合ったことが今でも思い出される。

秒単位でのスケジュール設定は、人間の能力の過大評価に基づいていると思われる。そこまで厳密なスケジュールに従うことは、多くの人間にとってはかなり無理があるからだ。電車の運転士はプロフェッショナルとしてのトレーニングを積んでいるだろうが、それでも秒単位でのスケジュールに対応するのは、たいていの人間の能力を超えているように思われる。

厳密なスケジュールからずれることが許されないようなシステム、あるいはスケジュールからの遅れを取り戻すために危険を冒さなくてはならないようなシステムは、人間の作業者向けではないともいうことができる。もっとゆるやかなスケジュール設定にするか、あるいは時間的遅れを生まないような機械に作業を担当させるべきであろう。

また、時間に厳密に行動するということ

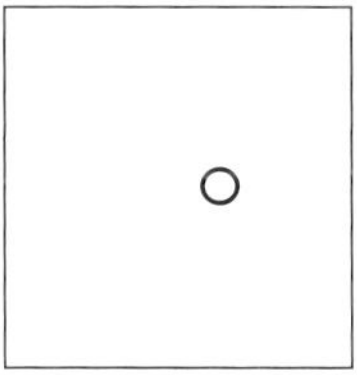

は、個人に固有のテンポから外れて行動することを強いる結果になる。第5章でみたように、自分の精神テンポと異なるテンポで作業をすることはストレスの原因になる。つまり、厳密な時間の設定のもとで作業することは、たいていの場合、ストレスの原因になることが予想できるのだ。

過度のストレスが健康的な生活を阻害することは、よく知られている。他者から自分のテンポに合わない生活のペースを押しつけられることで、過度なストレスが生じ、それが健康の阻害につながる可能性は否定できない。

人間の性格類型の一つに、時間に厳密であろうとする性格があることが知られている。いわゆる「タイプA」という性格である（念のためいっておくが、血液型のA型とは関係ない）。このタイプAは、循環器系の疾患の発生と有意な関係があることが指摘されている。時間に厳密であろうとする生活態度から生じるストレスが、循環器系のシステムをむしばんでいるのかもしれない。

時間に厳密に行動することは、単にストレスを強めるだけではない。そのようなペースでの行動を持続することは、そもそも難しいのである。

各人が固有の行動のテンポをもっている以上、たとえ強いられたテンポに従って作業をしようと試みたとしても、作業を持続している間に、やがては個人固有のテンポに近づくことになるだろう。このような理由から、強いられたテンポでの行動の持続は、失敗することがあり得ると想定すべきである。もし、そのような厳密な時間からのずれが大きな問題に発展する可能性があるとしたら、それは人間に合ったシステム設計とはいえないのだ。

ただ、誰もが自分のテンポ通りに生活できるわけではないだろうし、自分のテンポと合わないことを理由に仕事を辞めるわけにもいかない。公共の時間と、自分の生活のパタンやテンポとの間に、どのように折り合いをつけることができるかという問題については、次章で取り扱う。

◇やれそうなことが増えすぎる

私たちの周囲で様々な出来事が起こったとしても、それが私たちに認識されるまでには数十ミリ秒から数百ミリ秒かかる（つまり遅れが生じる）ことを、第4章で紹介した。私たちの知覚や認知が神経を介した物

理的な伝達に基づく以上、どのように進化したとしても、このような遅れがなくなることはないだろう。

普段、このような知覚認知の遅れが自覚されることはほとんどない。この遅れが進化の過程で獲得された人間の特性であることを考えると、それは地上の環境における行動では、意識する必要のない程度まで短縮された結果なのだろう。

ただし、サッカーにおける審判のオフサイド誤判定のように、知覚認知処理の時間特性に基づく錯覚が、私たちの日常的判断において重要な結果をもたらしていることは無視できない。私たちが見たり聞いたりしている対象の時空間特性は、様々な要因で物理的に規定される時空的な特徴から乖離しているということも、第4章でみてきた通りだ。そもそも私たちが体験している対象の（特に動いている対象の）時空間的特徴は、物理的に規定されるそれからは、常にずれているのである。

こうした人間の時間的制約は、せいぜい走り回ったり、歩き回ったりするのが最速の移動であったころからの進化の過程で、長い時間をかけて獲得されてきたものである。これまでの状況では、たとえば視覚の0・1秒という遅れ（第3章、第4章）が致命的な問題に発展するようなことはなかった。しかし、現在では歩いたり、走り回ったりする際の速度の何倍もの速さで移動することが可能になっている。0・1秒という遅れは、場合によっては、これまでになく致命的な問題に発展するかもしれない。

同時に知覚したり認識できる対象の数における制約（第4章、第5章）も、自らの足を使って走っているような状況では大した問題ではないだろう。しかし、一瞬の間に生じたことの認識に数的な制約があるという人間の知覚認知過程における時間的限界は、時速40キロ以上の高速移動の際には、致命的な問題に発展する可能性が多分にある。

「百聞は一見にしかず」ということわざが示しているように、私たちは普段、自分たちが見ているものを疑わない。物理的実在そのものを見ることができると思い込んでいる。このような見方は人間の能力の過大評価以外の何ものでもない。私たちは、自分たちの知覚や認知の過程に様々な制約があること、決して、ものそのものを見たり聞いたりしているわけではないこと、見えていることと感じていることが常に正しいわけではないこと（むしろ、ちょっとしたきっかけで誤り得ること）を知っておくべきなのだ。

なお、情報通信や移動の高速化は、知覚

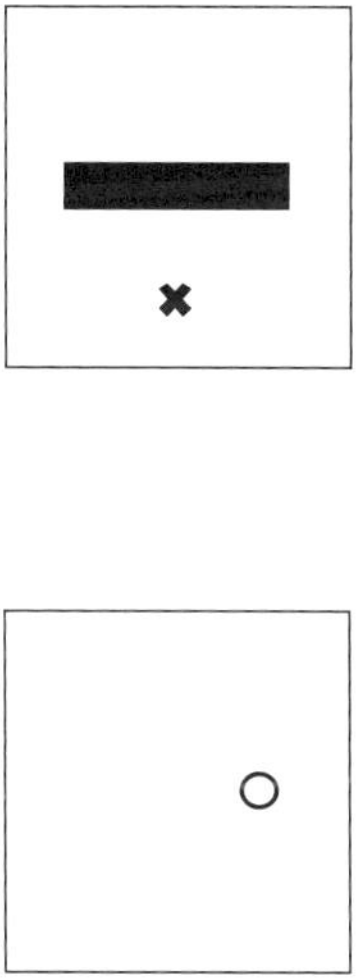

や認知の遅れがもたらす危険性の拡大以外の問題も引き起こしているように、筆者には思われる。環境が高速化しても、私たちの神経的な伝達速度や知覚認知の処理時間は変化しないことから、人間が一時にできる認知的課題の数もそれほど変わらないことが推察される。このことは、様々な情報が手に入り、やりたいこと、したいこと、そして実際にできる可能性が高まったとしても、実際にできる事柄の数がそれほど増えるわけではないことを示唆している。

もちろん、技術革新によって、一つの事柄をやり遂げるまでに要する時間は大いに短縮された。筆者自身、パーソナルコンピュータを使って論文などを書くようになって、論文一本あたりにかける時間と労力はずいぶん減少したと思う。特に、原稿を清書したり作図したり、という手作業の段階に要する時間はかなり減った。

しかし、そうはいっても、論文を書く際に論理展開をまとめるのに要する時間はそれほど短縮されるわけではない。考えるためには、どうしてもそれなりの時間が必要だ。そのため、論文執筆全体にかかる時間は、多めに見積もっても3分の1程度しか短縮されていないように思われる。

高速化した現在においては、様々な情報が入り、移動も高速化されたことにより、潜在的に実現可能な事柄の数は増えたに違いない。やりたいことの中には、「どうしても実現したい」

というものもあれば、「やらないよりはやったほうがまし」というレベルの事柄も多く含まれていることだろう。

しかし、人間が一つのことをやり遂げるにはどうしても一定の時間がかかる。その時間が技術革新や経験、学習によって、増えた欲望を満たすのに必要な時間以上に短縮されないとしたらどうなるだろうか。当然、潜在的な可能性に基づいて肥大する欲望のうち、実際に満たされるものは一部のみということになる。この場合、やりたいこと、やれるはずのことは数多くあるのに、なかなかそれが実現できないジレンマが生じる。

そうなると、むしろ、できる事柄が少なかったころよりも時間が足りず、忙しく、やりたいことができないという感覚が強くなっているかもしれない。

同様の問題は、会社などにおける仕事についても指摘できる。「やらないよりはやったほうがよい」作業や会議などが増えたとしても、1日の長さが変わるわけではない。また、どんなに単純な作業であっても、その遂行にはある程度の時間が必要だ。

やらないよりはやったほうがよい仕事の

数が少ないうちは何とか対応できるだろうが、その数がどんどん増えていくと、本当になすべき仕事にかけたい時間も削られることになってしまう。結果として、組織としての生産性は低下する。誰にとっても時間は有限であること、どんなに簡単な作業も一定の時間を必要とすることを考慮し、作業の優先順位に従って、効率的に時間という資源を使用することを心がけることが望ましい。

◇昼夜を無視することの危険性

「経済のグローバル化と時間の均質化」の項では、私たちの欲望や経済のグローバル化が生活の時間を均質化していることをみた。また、第1章では、物理学や時計の時間に代表される、理念的にとらえられる時間は、本来的に均質的であることをみてきた。

理念的な時間は、ともすると均質的なものとみなされる。時間の均質化の背景には、様々なレベルで時間を均質なもの、いつでもどこでも変わらないものとみなそうとする、私たち自身や社会的、経済的な欲求がかいまみえる。

では、時間の均質化にはどのような問題があるのだろうか。時間の均質化の問題を考えるうえで、もう一度第3章で取り上げた人間の身体の時間的な有限性に戻ってみよう。

いくらコンビニエンスストアが365日24時間ずっとオープンしているとしても、人間には睡眠などの休息が必要である。欲求のままに起き続けていることはできない。仮に、太陽の周期に関係なく起き続けているということができたとしても、それにより人間の心身は支障をきたし、健康な状態の維持が困難になることもあり得る。

典型的な例として、睡眠障害がある。睡眠障害とは、睡眠に関わる様々な問題の総称である。1日24時間という生活の周期で起床、活動、睡眠のリズムを調整している、いわゆる体内時計にずれが生じると、「朝になっても起きることができない」「昼間に急に眠くなる」「夜いつまで経っても眠ることができない」「寝ている途中に急に目が覚める」といった問題が生じやすくなる。このような状態に陥ってしまうこと自体、当人にはきわめて苦痛である。

さらに、睡眠障害は、様々な事故の原因にもなっていると指摘されている。睡眠障害に陥った場合、昼間の活動時に緊張が失われたり、場合によっては突然作業中に眠り込んだりしてしまう。

電車の運転士が運転中に居眠りをしてしまい、止まるべきホームを通過してしまっ

たという新聞記事を目にしたことがあるだろう。こうしたケースでは、運転士が「睡眠時無呼吸症候群」であったことが後に指摘されることがある。この睡眠時無呼吸症候群も、睡眠障害の一つである。睡眠中に気道が閉じられることによって呼吸が停止し、睡眠が途切れ途切れになってしまう状況を指している。この状態にある人は、結果として、睡眠不足に陥ることがある。中年以上であれば約4パーセントがこの状態にあることが指摘されている。

睡眠不足は、旧ソ連のチェルノブイリの原発事故や米スペースシャトル・チャレンジャーの事故にも関わっていたといわれている。現代のように巨大なプラントや機械を操作するような文明においては、睡眠障害の問題は決して個人にとどまらない。

睡眠障害は昼間の活動における失敗を引き起こすだけではない。睡眠障害を放っておくと、鬱のきっかけになり得るともいわれている。生活パタンの乱れが、睡眠障害、鬱と進行していく可能性があるということである。

睡眠障害によって、身体的にも問題が生じることが知られている。睡眠時間が極端に短いと、身体的代謝の異常（いわゆるメタボリック症候群）により、肥満や高血圧、動脈硬化を引き起こしやすくなることが知られている。

このように、朝起きて、昼活動し、夜眠るというリズムを離れた生活パタンには、作業における集中力の低下を引き起こしたり、精神や身体の健康に支障をきたしかねない危険性が潜んでいる。人間の欲望が、絶え間ない活動を欲したとしても、人間の身体はそれに応えることができないのだ。

朝、昼、晩をいっさい考慮せずに生活しても、苦にならない人もいるだろう。しかし、そのような生活には、人間自身の心身の時間的制約がある以上、睡眠障害やそこから発展する鬱や身体的な代謝の異常など、重大な問題を引き起こす可能性があるということを、十分に認識しておくべきだろう。

睡眠障害に陥った場合、光療法など、心身のサーカディアンリズムを1日の太陽の周期に合わせるような治療が有効であることが、しばしば報告されている。私たちの心身の健康にとって、日の出・日の入りのリズムと対応した生活パタンは、重要な意味をもっているのだ。

◇時間的に有限な私たち

また、人間の欲求が時間を均一なものに変えようとしても、その欲望が基づいている身体は、様々な形で時間を分節化してしまう。身体的能力（たとえば運動能力や生殖能力）は、子供と大人とを、また青年と老年とを区別する。人間は誰でも年を取り、いつまでも生きることはできない――。これは、私たちに等しく課せられた絶対的な時間的制約であることを忘れてはならないだろう。

生活にとって、コンビニエンスストアのような24時間営業の店舗があることは、とても便利である。だが、逆にこのような店舗の存在によって、私たちの生活自体も変化していることに気づかされる。昼夜を問わずに買い物に足を運ぶ機会が増えてしまう。このような店がなかったころは、夜中に何かが必要になっても、翌日になって店が開くまで我慢しなければならなかった。一見便利そうではあるが、それは、夜中に行なう要件が生活の中に加わるという結果をも生み出している。

平成15年版の厚生労働白書によると、日本の子供の生活パタンは、だんだん夜型に移行している。その親にあたる世代の生活においても、同様に夜型への移行が進んでいるものと考えられる。そのような生活パタンの「夜型への移行」と呼応するように、日本中の多くの場所で24時間営業のコンビニエンスストアが増えている。

いつまでも変わりなく均質的な時間の続く状態とは、身体的制約を免れた、抽象化された理想的状態でしかない。そのような時間を生きる存在とは「天上の存在」、身体的制約をもつ私たちには決して触れることのできない彼岸的存在といってもよいだろう。

私たち自身は時間的に有限であり、永遠に続く時間を生きているわけではない。時間を均一的なものとしてみようとする欲求は、もしかしたら、私たち自身の時間的制約（つまりは死）から目をそらそうとする根本的な自我防衛機制（もともと精神分析の用語で、不都合な事実の認知を避けたり、無意識的に抑圧したりすることによって、不快な感情を緩和して心的安定を得て自我を防衛しようとする心の働き）に基づいているのかもしれない。

とはいえ、誰もが死から免れることはできない。おそらく、豊かな時間を得るためには、私たちはこの現実から時間を見直す必要があるのだろう。そこには周期的、季節的な時間と、一生のうちで一度しかない一期一会的な時間とが流れている。いつでもあり得るような均質化された「いま」ではなく、今しかあり得ない「いま」が常にあることになる。

時間を均質化し、特異点をなくしていく生活パタンが、この一期一会の時間性を見失わせることにつながっているとしたら、時間との対峙《たいじ》や生活設計において、方針を間違えることになってしまうかもしれない。また、本来は今しかないこのときを、いつもと同じ「いま」とみてしまうことによって、今しかできないことを見落とすことになってしまうかもしれない。

人間は、その身体的制約から、グローバル化された、均一で延々と続く時間を生きることは難しいといわざるを得ない。むしろ、どのように時間を分節化し、1日や1カ月、1年という期間を、意味のある時間にできるかが、身体的制約から離れることができない人間にとっては重要な問題となるだろう。この点については次章でも取り上げる。

第1章では、物理学的な時間には特定の方向性や特異点はないことを紹介した。しかし、前章や本章では、人間にとっての時間には、不可逆的な方向性や、特定の意味をもつ時間帯やリズム、ペースがあることを紹介してきた。

繰り返しになるが、このことから分かるのは、時間に方向性や特別な時点をもち込むのは、時間そのものの物理的、概念的特性ではなく、むしろ人間自身の時間的制約のほうだということである。人間の心身の時間的特性が、時間の体験を通して時間に方向性や特異点をもち込んでいるということもできる。

たとえ物理学的な時間に特定の方向性や特異点がないとしても、人間にとっては、知覚認知過程における情報の伝達や処理過程、意思決定してから行動を引き起こす過程において、時間における方向性や順序、特異点の関与を避けることはできない。知覚認知や行動における体験は、一定の時間の中で展開せざるを得ないのだ。私たちは経験したことを保持し、それを過去に学んだこととして現在において参照できる。意思に基づく行動は、現在において未来の状態を目的として想定することになる。また、誕生してから死ぬまでという、不可逆的な方向性にしばられざるを得ない。

本章では、時間の厳密性、高速性、均質性の問題点についてみてきた。時間に対する私たちの認識や欲望、人間自身の能力の過大評価が、現代社会における時間のこうした特性の基礎にある。

また、こうした特性から人間自身を引き離すのが、人間の身体的、心理的限界や制約であることもみてきた。概念化された時間と人間の体験の基礎における時間的特性とが、相互に乖離しているということができる。

次章では、この乖離に対して、どのように対峙すべきか、アイデアを示そうと思う。

第７章　道具としての時間を使いこなす

◇道具としての時計の時間、客観的時間

時計の時間、客観的時間は、理念的、概念的なものである。身体的存在である私たち人間は、理念的な客観的時間に触れることは決してできない。

ただし、時計の時間、客観的時間というものが実在していて、私たちがその実在を体験できないということではない。時間を空間とともに意味があるものにしているのは、人間自身の体験の基本構造である。

人間が、自然への適応や農耕、社会生活における個々人の間の行動の調整のために、時計の時間（客観的時間）というものを創作し、利用しているのである。時計の時間とは、道具としての時計と同様に人間の発明品であり、道具の一つともいえよう。

前章では、現代における時間に関わる様々な問題点、特に時間的に様々な限界がある人間に関わる問題点について列挙した。そうした問題点を、厳密化、高速化、均質化という三つのキーワードのもとにまとめた。いずれの問題にも、時計の時間が関わっている。

人間の作り出した、この時計の時間に合わせて生活することで、人間のがわに不都合が生じるとしたら、それは道具の使い方が悪いということだろう。こういうことは、しばしば色々な道具についても起こっていることである（D・ノーマン『誰のためのデザイン？』、1988）。これは時計の時間についても同様であるようだ。道具に人間を合わせるのではなく、人間のがわの諸制約を理解し、それに合わせて道具の使い方を変えたり、道具を作り替えたりするべきだろう。

◇「生きている時間」「生きられる時間」へのまなざし

前章の最後で、現代における時間に関わる様々な問題点への対応について、本章で議論することを予告した。しかし、こうした問題点について、誰もが利用できるような対処法が、心理学的研究をはじめとした科学的研究に基づいて、すでに得られているわけではない。

時間が人によって多様性をもっているのと同じように、時間の厳密化や高速化、均質化において個々人が巻き込まれている状況も多様である。道具としての時計の時間との関係も、個々人によって異なる。したがって、状況に応じて有効な対策も個々人によって違うはずだ。いわば道具としての時間は、個々人でカスタマイズして使うことになるということなのだろう。

そうした状況の多様性を超えて一般化できるような汎用《はんよう》性のある対処法は、まだ見出されていない。現時点において、科学者としての立場からいえることは、まずは人間が人間自身のことを知り、そこから個々の状況に応じた対応について、自ら考えるべきだということだろう。人間が種としてもっている時間的な制約、つまりは自らが「生きている時間」、人間によって「生きられる時間」の特徴を知ることから、それぞれの状況に対して可能な対策がみえてくる。

◇厳密化への対応

時間の厳密化、高速化、均質化に関して、これまで私たちはかなり無頓着であったといえる。こうした事柄が引き起こし得る危険性について、ほとんど意識されることがなかったのは、人間が自身の能力を過大に評価しているためだと思われる。

人間は、物理的にあるがままのことを知覚したり、認知したりすると、多くの人が思い込んでいる。しかし、これまで述べたように、「物理的実在」は、実は私たちの体験から抽象された理念的なもので、私たちが実際に触れることができる対象とは異なる特性をもつ。様々な対象について、知覚がその対象の物理的特性から乖離することがあるのは、これまで述べた通りである。

この日常的乖離を理解するために、たとえば、交通量の多い交差点にかかる陸橋から、行き交う車や人を眺めている場面を想像してみよう（図7-1）。

ある車は、右折するために交差点の中心近くでウインカーを点滅させながら、対向車が行き過ぎるのを待っている。対向車は、スピードをややゆるめながら交差点に進入してくる。視野の隅では歩行者用信号が点滅を始め、ある人は交差点を渡るのをあきらめて、立ち止まる。その後方を歩いていた人があわてて走り出し、前を歩いていた人を追い越して横断歩道を渡る。このとき、交差点に入ってきた車の見た目の走行速度は、その車体表面の塗料自体の明るさと道路の明るさ、周囲の照明状況によって変化する（第4章の「運動の知覚と時間」の項を参照）。

また仮に、右折待ちの車のウインカーの点滅と、周辺視野でとらえられている歩行者用信号の点滅のタイミングが物理的に同じだとしても、右折車を中心視野で見ているとすると、観察者

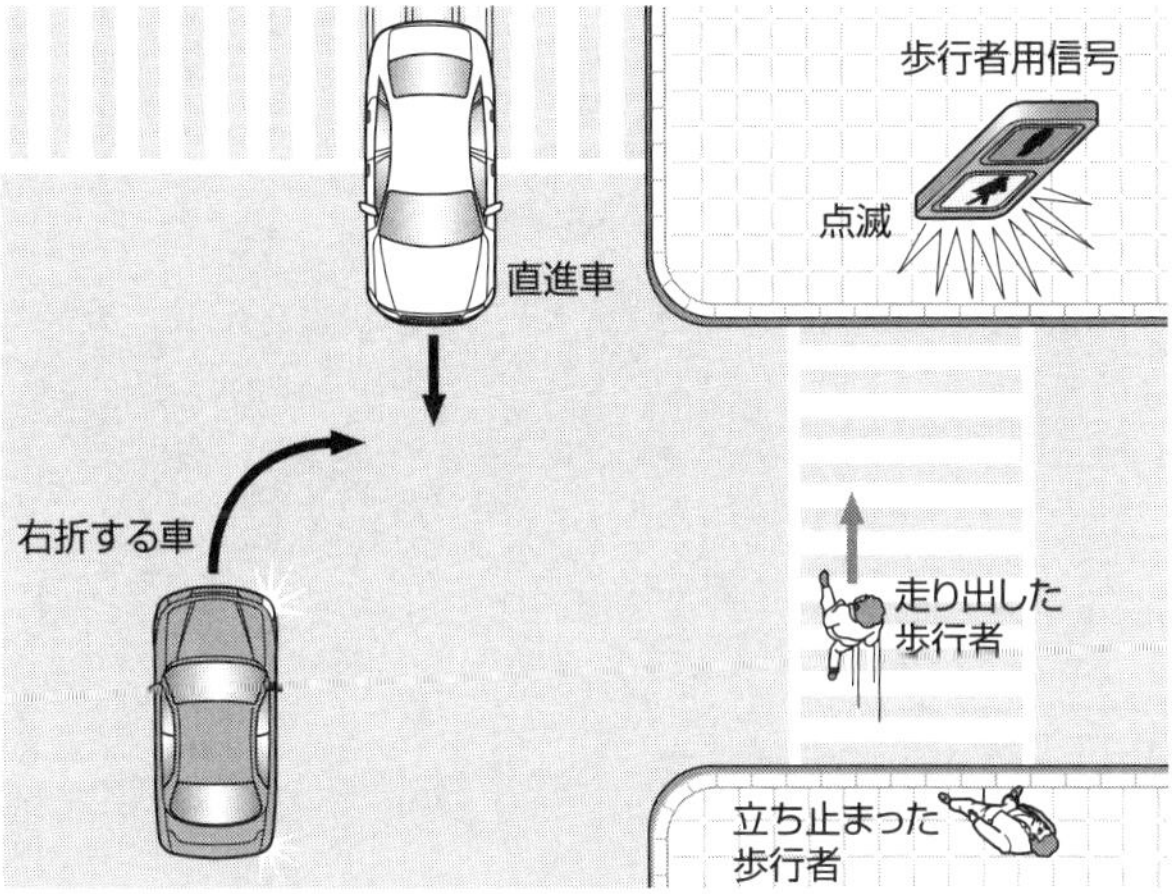

図7-1　日常生活において時間に関する錯覚の関わり得る状況

にはそれらのタイミングがずれているように見える（第4章の「色よりも遅い動きの処理」の項を参照）。周辺視野における歩行者用信号の点滅に注意が向けられていない場合、さらにそのタイミングのずれは大きくなる（第4章の「知覚のタイムマシン」の項を参照）。横断歩道前で立ち止まった人とその人を抜き去った人との位置関係についても、正しく知覚するのは困難だ（第4章の「フラッシュラグ効果」の項を参照）。

このように、知覚や認知における時間的判断は、様々な要因から物理的に規定できる時間的特徴からずれてしまう。にわかには信じられないかもしれないが、私たちが日常的に体験している色々な出来事の時間順序や時間の長さは、常に物理的な時間順序や時間の長さとはいくらか異なっているのだ。

どのような条件でこのずれが大きくなるのかについては、まだ完全に理解されているわけではない。ただし、理解が進みつつあることは、第4章や第5章で紹介した。自分自身の体験する時間が物理的な時間特性と大きくずれる条件や、個々の条件においてどのような内容のずれが生じるかを知っておくことは、私たち自身にとって大切である。すでに述べたように、知覚認知における情報伝達や処理には一定の時間を要するので、高速での移動中の処理の遅れは、時として致命的な結果をもたらし得るからである。

体調や様々な理由によって、体験される時間の長さも変化するので、体感を基準とすると、人間はそれほど時間に対して厳密にはなれない。刺激が弱いときや注意が散漫であるとき、知覚認知系の処理は遅れがちだ。たとえば、前述の自動車が右折する場面で、暗い環境や疲労した身体的状況では、対向車がゆっくりと近づいているように見えたとしても、実は見た目よりも速く接近しているかもしれない。この可能性を考慮すれば、無理な右折を避けることで交通事故の危険を回避することにつながるだろう。

◇誰でも時計の時間からはみ出している

様々な要因によって伸びたり縮んだりするということも、私たちの「生きられる時間」の重要な特性の一つである。第5章で紹介したように、同じ1分間の時間が、体調や心的状態によって、たとえば30秒間にも2分間にも感じられることがある。

通常、同じ個人であっても、身体の代謝の変化に伴い、感じられる時間の長さは変動する。また、同じ時間の中でできる事柄も、体調や心的状態によって異なる。さらに、特定の時間をどのように過ごすかによっても、感じられる時間の長さは変化する。

時計の時間に合わせて生活することの困難さは、たいていの人にとって経験のあることだ。それも無理はない。私たちの「生きている時間」は時計の時間と比較すると、速く進んだり遅く進んだり、長くなったり短くなったりしているのだ。つまり、時計の時間に合わせて生活することは、努力を要する事柄であるといえる。

すべての人が、常に時計の時間に合わせて生活できるわけではない。体調や心的状態によって、時計の時間からはみ出すことは、誰にとっても起こり得る。すでに述べたように、そのような「はみ出し」が大きな問題につながるようなシステムは、人間向きとはいえないのだ。

正確な時間を維持するという課題は、通常の人間にはかなりの負担を強いることになり（第6章の「ぎりぎりの行動計画は人間には向かない」の項を参照）、持続するのは困難だ。たとえその場では実行可能でも、ストレスを与えられ続けることによる心身の問題に配慮すべきであろう。どうしても正確な時間をキープする必要があるのなら、その作業は機械に担わせるべきなのである。

◇スポーツにＶＴＲ判定は必要か

機械による判断という問題に関連して、機械を用いた、競技における「正確な」判定についても、「生きている時間」「生きられる時間」との関係で考えておくべきことがある。

第4章の「フラッシュラグ効果」では、サッカーにおけるオフサイドの誤判定の問題を取り上げた。どうしても正確に判断しなければならない場合、機械などの手助けが必要となる。そのような道具が使えない場合、次善の策として、一人だけで判断するのではなく、複数の人間の目で見て判断するということになるだろう。

実際、多くのスポーツの審判でそのような手段が取られている。それでもしばしば誤審があることは、読者もよくご存じだろう。

錯覚に基づいて誤判定が生じる場合は、トレーニングや、錯覚という現象についての知識吸収で回避できるものではない。第2章の「フレーザーの錯視」の項で説明した通り、錯覚はトレーニングや知識によっては回避できないからである。もし、時計の時間での「正しい」判断を行なう必要があれば、審判の知覚だけに頼るのではなく、人間のような錯視を生じない、VTR判定のような手続きを導入することが必要だ。

とはいえ、スポーツにVTRなどを用いた正確な判断が常に必要だとは思われない。VTR判定のように機械を用いる方法で見つけ出されるのは、時計の時間における時間順序、いわば時計で測られたタイミングや出来事の順序である。それは、第5章や第6章でみたように、私たちが触れることができない時間に基づいた判断ということである。さらに、私たちが普段体験している時間とは、異なる特性をもったものでもある。

たとえば武道には、「生きられる時間」の文脈の中でタイミングを判断することが適しているような競技もあるだろう。見た目のタイミングが聴覚刺激によって喚起された注意に影響を受けることは、第4章で指摘した。また、美しくスムーズな動きと不連続な刺激とでは見た目のタイミングが異なることも、「フラッシュラグ効果」の項で指摘した通りだ。

剣道などで打突する際の声や踏み込みの音、動作のスムーズさは、見た目のタイミングに影響を与えるかもしれない。それは、VTR判定で認められるタイミングとは異なるかもしれないが、気合や気勢、動作の美しさを反映したタイミングであるとも考えられる。気合や気勢、動作の美しさを重視する競技の場合、それを排除するようなＶＴＲ判定をもち込むことは適切とはいえないだろう。それらのタイミングは、私たちが「生きている時間」、人間によって「生きられる時間」に関わる特性によっているのだが、機械判定を取り入れることによって、気合や気勢、動作の美しさが二の次になってしまう可能性が出てくるからである。

今や、時計の時間のうえで正確な判断を行なうための機械は、いつでも利用可能である。しかし、競技におけるタイミングについて、時計の時間に基づいて判断するか、「生きられる時間」に基づいて判断するかは、それぞれの競技種目のもつ哲学に委ねられる問題だと思う。

◇やりたいこととそれにかかる時間を書いてみる

第6章では、現代における時間の高速化について概観した。現在、技術革新に基づく情報通信の高速化によって、自宅にいながら希望する映画やスポーツの試合を楽しむことができる。また、移動手段の高速化によって、日本国内の都市間はおおむね24時間以内での移動が可能だ。こうした社会の様々な局面における高速化は、ここ数十年のうちに特に大きく進展し、人間の生活様式を大きく変化させてきた。それればかりか、情報通信や移動手段の高速化はまだまだ進められ、現代を生きる私たちの生活様式もさらに大きく変容させそうな状況だ。

ただし、同章では、情報通信や移動手段が高速化する一方で、私たちの知覚認知や様々な判断は一定の時間の幅の中で起こること、その時間の幅はこれまでの人間の進化の過程で獲得されてきた本質的特性で、数十年程度のうちに起こった社会生活の高速化に合わせて、神経的な伝達速度などが短縮するような身体的変化が生じることは期待できないことも説明した。技術革新の結果、情報通信や移動の高速化が確立されたとしても、それに対応して私たちの「生きられる時間」の基本的特性までは変わらない。

知覚や認知の時間的制約によって、高速化が潜在的な危険性をはらんでいることはすでに述べた。この問題の回避のためには、知覚認知の時間的制約について理解しつつ、その制約を補うような対策が求められる。特に、大量の情報にさらされるコンピュータを使った作業や、一瞬の知覚認知の遅れが致命的な問題に発展しかねない交通の現場においては、適切な作業環境の確保のためのシステム開発が必要だ。

一般的に、弱い刺激や散漫な注意は知覚認知処理を遅くすることが、認知心理学的研究によって明らかになっている。したがって、さしあたりは適切な刺激強度を確保し、注意を適切に喚起、誘導する作業環境を実現できるシステムの開発が、求められることになるだろう。

また第6章では、現代の時間の高速化に伴って、潜在的に実現可能な事柄が増えることの問題点も指摘した。すなわち、情報通信や移動の高速化によって、やりたいこと、できることが増えるのに対し、実際にできる事柄はそれほど増えるわけではないので、欲求不満や忙しさの感覚が以前よりは増しているのではないかという問題である。

この問題に対処するためには、まず現状の分析が重要になる。何がしたいのか、事柄を紙に列挙してみる。次に、それぞれの事柄に対して、どの程度の時間が必要かを書き出す。そして、そこに挙げられた時間はどのようにすれば確保できるのかを考えてみる。

もし、現在の生活を維持しつつ確保するのが難しい時間があるのなら、その事柄についてはあきらめるか、あるいは今の生活を一時中断して、その時間を確保するしかない。また、現在の生活を中断する必要がないとしても、すべての事柄を実行できる時間の確保が困難であれば、それぞれの事柄に対して、どの程度実現したいのかという欲求の強さと実現の可能性とを考慮して、優先順位を定めることが有効だ。こうして優先順位を考えてみると、「やらないよりやったほうがまし」という程度の事柄は、ずいぶんと整理されることが多い。

資源としての時間は誰にとっても有限だ。現在のように、様々な情報が手に入り、多様な欲求がなされる時代では、潜在的に実現可能な欲求でも、実際にできる事柄の数には限界があることを認識し、ある程度計画的に時間配分しなければならない。

◇「生きられる時間」の非均質性

現在は、世界中の経済活動が連動している。このような状況では、自分の住んでいる土地固有のローカル時間だけで生活するのは難しいという人も出てくる。また、昼間に活動して、夜は休むという生活パタンからずれる人も増えてくる。現代社会は、時間を均一化するような強い力が働いている。しかし、これまで述べたように、時計のうえでは同じ1時間でも、「生きられる時間」としてはまったく異なる。

たとえば、朝、昼、晩という1日の周期は、私たちの生活のペースに重要な分節をもち込んでいる。経済がグローバル化し、朝の日本において宵の口の北米と通信回線をつないでビジネスを行なう場合でも、私たちは自分のいる土地の太陽の周期に合わせて生活のペースを作らざるを得ない。

第6章でみたように、太陽の周期からずれた生活は、睡眠障害や鬱病、メタボリック症候群などの問題を引き起こす可能性がある。太陽の出入りとは関係なくマイペースで生活しようとしても、それぞれの土地における時間帯は人間の心身に対して影響を与える。それを無視して周期性のない時間や均一な時間を生きることは、人間の身体には困難なのである。

時計は1日のうちの時間に対して特別な意味合いを設けることはないが、私たちは心身のサーカディアンリズムを通して、それぞれの時間帯に特別な意味を与えているのだ。私たちは、概念的で均一な世界共通時を生きているのではなく、その身体を置く土地に固有の、様々な、一様でないローカル時間を生きているのである。

つまり、経済活動の動向や私たちの欲求が時間を均一化しようと作用しているのに対し、私たちの心身の特性がそれに対して抵抗しているという図式がここにある。

現代のように世界規模で経済活動が展開しているような状況では、生活の時間を均一化しようという圧力は絶えない。私たちは、自分自身や他者の時間的制約についてもう少し考慮し、時間の均一化が私たちの心身や社会における深刻な問題を引き起こすような極端な状況にならないように工夫すべきなのだろう。

私たちの心身におけるこうした特性は、なかなか変更できるものではないのだから、むしろ、朝、昼、晩のリズムに合わせて生活パタンを調整することが、心身の健康を獲得するために重要なのだ。もし、不規則な生活を送って心身の問題が生じた場合には、昼活動して夜休むという、長い進化の過程で最も慣れ親しんだ生活パタンに回帰するのが有効だと考えられる。

◇「生きられる時間」の多様性

「生きられる時間」の不均一性は、時間帯の違いに関するものだけではない。個人間でも感じられる時間は異なるし、同じ個人においても、様々な要因によって感じられる時間が異なるのはすでに述べた通りである。

たとえば、この文章を読みながら過ごす1分間は、読み終わった後に何もせずに過ごす1分間より、おそらくは短く感じられるだろう。本来、「生きられる時間」とは、様々な要因に従って非均一で多様なものなのだ。

個人の中に色々な時間が流れている。あなたの時間と私の時間は同じではない。私たちはこの時間の多様性にうすうす気がついているからこそ、他者と同じ時間を共有するために、時計の時間を必要としているのだろう。

環境に適応するために自ら作り出した均質な公共の時間によって、人間が逆に支配され、時として苦しむこともあるとしたら、皮肉なことである。もし、そのために私たちの生活の豊かさが奪われているとしたら、この均質な公共の時間との付き合い方を変えるか、公共の時間において想定される内容や特性を、大胆に変更してもよいのではないだろうか。少なくとも、私たちは、公共の時間に対してもっと柔軟に対応すべきだろう。

ただ、この公共の時間に従って生活すること自体に問題があるわけではない。人間は、自らを公共の存在にするための道具として、時計を用いているともいえるからである。

公共の時間を利用するということは、自らの存在の公共性を確保することになる。逆に、公共の時間を生きないという選択は、つまりは公共の生活の放棄という一種の社会的態度を意味する。時計の時間に対する態度は、社会に対する態度を反映するのである。公共の時間を生きることを放棄するということと、公共の存在としての自己を放棄するということは、引きこもりにも通じている。その人特有の時間を生きているからといっても、このような生活パタンが望ましいとみなされることは稀だろう。

公共の時間は重要な役割を果たしてきたが、私たちが個人的に体験する時間を決定するものではない。私たちの生活に対して必然的に優位性をもつものでもない。それは、社会生活を営むうえで使いこなすべき対象、共存すべき対象なのである。そのためには、自分の体験する時間の特性を理解することが有効である。

◇**時間のチューニング**

公共の時間を使いこなし、共存するためには、個々人の時間特性を理解することが重要である。たとえば、自らの時間感覚で生活した際に、時計の時間となかなか合わないと感じる人は、自分の時間感覚と公共の時間との間のずれがどのようなものか、整理してみてはどうだろうか。個人個人の生活のテンポ、「生きている時間」の進み方が異なるのは、ある程度仕方がない。したがって、自分の作業のテンポを常に貫くことができるわけではない他者との共同作業は、ともするとストレスを感じる不快な作業となりかねない。しかし、テンポのずれは相対的なので、不快なのはお互い様のはずである。

ある一つのテンポで共同作業をする場合、グループのうちにストレスを感じやすい人が必ずいることになり、作業を効率的に持続するのは簡単ではない。個々人のテンポや時間特性を理解し、共同作業の方法を調整することで、無理を回避することができ、長期的に作業効率を高い水準で維持することにつながると考えられる。

時計の時間がなかなか進まないように感じる人、周囲の人がのろのろ作業しているように見える人の「生きている時間」は、時計の時間や他の人の「生きている時間」より速く進んでいるのかもしれない。そのような場合、他の人たちが速い時間に合わせて作業をするのは簡単ではないと考えたほうがよいだろう。早めに自分の作業を済ませ、他の人が追いつくまでに、余った時間を他の作業や休息にあてて有効に使えれば、自らの作業のペースをそれほど崩さずに済む。

あっという間に時計の時間が経ってしまうように感じる、決めておいた時間までに作業が終わらない、待ち合わせに遅れる、他の人たちと同じ作業をしているとどうしても自分だけ遅れてしまう……。このようなことが繰り返し起こりがちな人は時間の見積もりが下手ということもあり得るが、それだけではなく、「生きている時間」が、時計の時間や他の人たちの「生きている時間」よりもゆっくり進んでいるのかもしれない。この場合、共同作業では、相手の「待ち時間」があまり長くならないよう、他者より長い時間を確保したり、共同作業のタイミングを調節することが有効だろう。

また、時計の時間、公共の時間をうまく使いこなすためには、短い期間にたくさんの予定を詰め込んだりせず、実際に行なうことの数をセーブして、余裕をもって行動することを心がければよい。そうすることによって、決めておいた時間までに作業が終わらない、待ち合わせの時間に遅れる、ということは減るだろう。

自分の「生きている時間」と時計の時間、公共の時間との関係を知りたいときには、時計さえあれば、簡単に調べることができる。たとえば、自分では1分間と感じられる時間が時計の時間としてはどの程度の長さであるかを測ればよい。

このとき、第5章で紹介したように、カウントすると時間感覚以外の認知能力（たとえばワーキングメモリーなど）における個人差が反映されるという指摘もあるので、数を数えることなく1分と思われる長さを評定するのが望ましい。ターゲットとする時間は30秒以上、5分以内の範囲であれば、時計の時間との関係はおおよそ同じになるようである。

一度だけの測定では、ときどきとんでもない値が得られることもあるかもしれないが、何度か繰り返すと、だいたい同じような値が得られる。自分の評定した時間（たとえば、主観的な1分間）が時計の時間と比べて短かった場合、あなたの心的時間は時計の時間より速く進んでいる。逆に、自分で評定した時間が時計の時間と比べて長かった場合、あなたの心的時間は時計の時間よりゆっくりと進んでいるということになる。時計の時間とのずれが大きい場合、時計の時間、公共の時間と付き合ううえで、前述したような工夫をしたほうがいいかもしれない。

なお、体験される時間の長さは体調によって変化するので、1分間をターゲットとした時間評定を、毎日同じ時間帯に行なうことで健康管理ができるということを提唱している医学者もいる。心的時間のこのような遅延は身体の代謝の低下と対応しているかもしれない。逆に、いつもより速く進むとしたら、代謝がいつもより盛んだということになる。

通常の変動よりも極端な変化がある場合、もしかしたら、発熱を伴っているかもしれない。毎朝、このような時間評定を行なうと、身体の健康状態のチェックになるだけではなく、その日の時計の時間、公共の時間との付き合い方の調整の参考にもなるだろう。

◇道具としての時計、時計の時間

本章では、前章で取り上げた時間に関する現在の諸問題について、時計の時間、公共の時間は、時計と同様に人間の作り出した道具だという視点からの対応策を整理した。もちろん、ここに挙げた対応策は、あくまでも現時点での認知科学的知識と筆者の個人的経験に基づいたものである。

また、本章の最初の項で述べたように、道具としての時間は個人ごとにカスタマイズされる必要がある。ここで提案したものよりも、個々人やその状況に合った対応策があるはずである。今後の科学的研究に基づいて、人類が道具としての時間をさらに上手に使いこなせるようになることを、筆者自身期待している。

時計の時間、公共の時間とは、現代人であれば誰にとっても手に入る道具、誰もがすでにもっている道具である。現時点では、まだその道具を使いこなせていないばかりか、道具に振り回されている人が多いように思われる。読者一人一人が、個々の見識や知識に従って、この道具の使い方を試し、使いこなす方法を探っていただければ幸いである。

あとがき

この本では、読み進むうちに、体験される時間の不思議な特性を読者が理解することだけではなく、自分にとっての問題を読者自らが問うためのきっかけを提供することを試みた。また、時間の多くの特性は、その物理的本質に基づくものというよりは、人間自身の体験の特性に基づいていることを指摘し、使いこなすことのできる（に違いない）「道具としての時間」という考え方を提示した。

研究対象について、操作可能な範囲を広げるということは、科学的試みの本質的目的の一つだろう。時間とは、人間であれば誰でも常にすでに、そしていつまでも関わるものでもある。その時間の特性を知ることを通して、より自分に適した接し方、使い方を探ることができるだろう。

時間との接し方についてこのような考え方を示すことは、実験心理学者としての筆者の専門領域からいくぶんはみ出している。実験心理学者の役割としては、心的時間について理解されていることを紹介するだけで十分かもしれない。ただ、筆者自身は、自分の専門分野を超えたところまで主張し、議論を盛んにすることが、心理学自体の可能性を試すうえでも重要であると考えている。

時間とのつきあい方をはじめ、人間をとりまく環境はこの100年ほどの間に激烈に変化している。その変化を認識し、どう対峙するかということについて自分の専門分野を中心にしつつ、その専門性を超えて対話や議論を盛んにすることは、研究対象の操作が可能になる程度まで科学的理解を洗練させるのと同様、研究者の役割だと思う。

このように考えることになったきっかけは、山口大学時間学研究所での多様な分野の先生方との時間学研究を通しての交流であった。とりわけ初代研究所長の井上愼一先生、現所長の辻正二先生、設立時の研究所メンバーであった入不二基義先生、富岡憲治先生、中村彰治先生、藤沢健太先生、森野正弘先生、脇條靖弘先生や青山拓央先生、鎌田祥仁先生、そして研究所設立時の学長であった広中平祐先生には感謝している。科学者の役割を考えるうえでは内田まほろさんをはじめとした日本科学未来館のスタッフとの共同作業が重要なきっかけとなった。こうした方々との交流がなければ本書が現在のように多岐にわたる分野における時間との取り組みに触れるものになることはなかった。

もっとも、本書の中で分かり難いところがあるとすれば、筆者の専門分野である心理学に関する記述だけではなく、すべて筆者の責任である。筆者の専門以外の分野についての説明には、過度に省略してしまったところ、論理が追い難いところがあったかもしれない。

時間に関しては、本書で紹介したもの以外にも様々な錯視、錯覚があり、理論的な議論にも興味深いものが多い。また、特に次々と新しく重要な現象が見つかっている。ただし興味深い現象であっても、まだ筆者自身、その基本的特性を見定めることのできないものについては本書では取り上げなかった。さらに、紙数と時間的な制約から、将来に向けての時間の見積もりに関わる「時間管理」における認知的な錯誤についてはほとんど取り上げなかった。今後、こうした事柄についても紹介する機会があればと願っている。

本書で紹介した実験のうち筆者自身が行なったものは、二〇〇六年まで所属していた山口大学工学部感性デザイン工学科や理工学研究科、現在の所属の千葉大学文学部の学生や同僚との共同研究によるものであった。特に、本書で紹介した現象に関する研究では、政倉祐子、西村好古、東郷明佳、深川智大、識名恵江、工藤智美、塚原正の諸氏、同僚であった長篤志先生、三池秀敏先生、宗近孝吉先生に感謝している。

コーエン企画の江渕真人さん、集英社の鯉沼広行さんにも本書を形にするところまで我慢強くお付き合いいただいた。筆者以上にシビアな時間との闘いだったと思う。お二人にも大変感謝している。

二〇〇八年八月

一川　誠

主要参考文献

◎全体
ピーター・コヴニー／ロジャー・ハイフィールド『時間の矢、生命の矢』野本陽代訳、草思社、１９９５
橋元淳一郎『時間はどこで生まれるのか』集英社新書、２００６
井上愼一『やわらかな生命の時間』秀和システム、２００６
辻正二監修、山口大学時間学研究所編『時間学概論』恒星社厚生閣、２００８
内井惣七『空間の謎・時間の謎』中公新書、２００６

◎第1章
アウグスティヌス『告白（上・下）』服部英次郎訳、岩波文庫、１９７６
入不二基義『時間は実在するか』講談社現代新書、２００２
ジャック・アタリ『時間の歴史』蔵持不三也訳、原書房、１９８６
Janet, P., Le temps des savants, 1928, Janet, P., *L'évolution de la mémoire et de la notion du temps; Leçons au Collège de France 1927–1928*, pp.383–399, L'Harmattan, Paris, 2006.
エルンスト・マッハ『時間と空間』野家啓一編・訳、法政大学出版局、１９７７
ロジャー・ペンローズ『皇帝の新しい心』林一訳、みすず書房、１９９４
アーウィン・スコット『心の階梯』伊藤源石訳、産業図書、１９９７

◎第2章
ドナルド・D・ホフマン『視覚の文法』原淳子／望月弘子訳、紀伊國屋書店、２００３
Ichikawa, M., Masakura, Y., & Munechika, T., Dependence of illusory motion on directional

consistency in oblique components, *Perception* 35, pp.933–946, 2006.
北岡明佳著・監修『トリック・アイズ グラフィックス』カンゼン、２００５
北岡明佳『だまされる視覚』化学同人、２００７
村田孝次『教養の心理学』培風館、１９７５
苧阪良二『地平の月はなぜ大きいか』講談社ブルーバックス、１９８５
ニコ・ティンバーゲン『動物の行動』丘直通訳、タイム ライフ インターナショナル、１９６９
Ouchi, H. *Japanese Optical and Geometrical Art*, Dover Publications, 1977.
Pinna, B., & Brelstaff, G. J., Anew visual illusion of relative motion, *Vision Research* 40, pp.2091–2096, 2000.

◎第3章

ラッセル・フォスター／レオン・クライツマン『生物時計はなぜリズムを刻むのか』本間徳子訳、日経BP社、２００６
Hinton, S. C., Harrington, D. L., Binder, J. R., Durgerian, S., & Rao, S. M., Neural systems supporting timing and chronometric counting: an FMRI study, *Cognitive Brain Research* 21, pp.183–192, 2004.
井上慎一『脳と遺伝子の生物時計』共立出版、２００４
松村道一『ニューロサイエンス入門』サイエンス社、１９９５
Rao S. M., Mayer, A. R. & Harrington D. L., The evolution of brain activation during temporal processing, *Nature neuroscience* 4, pp.317–323, 2001.
エルンスト・ペッペル『意識のなかの時間』田山忠行／尾形圭次訳、岩波書店、１９９５
鳥居修晃『視覚の心理学』サイエンス社、１９８２

梅本守『心のすみかを求めて』ブレーン出版、１９９２

◎第４章

Anstis, S., Footsteps and inchworms: Illusions show that contrast affects apparent speed, *Perception* 30, pp.785–794, 2001.
Baldo, M. V., Ranvaud, R.D., Morya, E., Flag errors in soccer games: the flash-lag effect brought to real life, *Perception* 31, pp.1205–1210, 2002.
Bonneh, Y. S., Cooperman, A. & Sagi, D., Motion-induced blindness in normal observers, *Nature* 411, pp.798–801, 2001.
Hikosaka, O., Miyauchi, S. & Shimojo, S., Focal visual attention produces illusory temporal order and motion sensation, *Vision Research* 33, pp.1219–1240, 1993.
Ichikawa, M. & Masakura, Y., Auditory stimulation affects apparent motion, *Japanese Psychological Research* 48, pp.91–101, 2006.
Ichikawa, M. & Masakura, Y., Manual control of the visual stimulus reduces the flash-lag effect, *Vision Research* 46, pp.2192–2203, 2006.
Jenkin, M. & Harris, L., *Vision and Attention*, Springer, New York, 2001.
金子隆芳『色彩の科学』岩波新書、１９８８
金子隆芳『色彩の心理学』岩波新書、１９９０
Lopez-Moliner, J. & Linares, D., The flash-lag effect is reduced when the flash is perceived as a sensory consequence of our action, *Vision Research* 46, pp.2122–2129, 2006.
Morrone, M. C., Ross, J. & Burr, D., Saccadic eye movements cause compression of the time as well as space, *Nature Neuroscience* 8, pp.950–954, 2005.

Moutoussis, K. & Zeki, S., Functional segregation and temporal hierarchy of the visual perceptive systems, *Proceedings Biological Sciences* 264, pp.1407–1414, 1997.

Nijhawan, R., Motion extrapolation in catching, *Nature* 370, pp.256–257, 1994.

O'Regan, J. K., Rensink, R. A. & Clark, J. J., Change-blindness as a result of 'mudsplashes', *Nature* 398, p.34, 1999.

大山正『色彩心理学入門』中公新書、１９９４

エルンスト・ペッペル『意識のなかの時間』田山忠行／尾形敬次訳、岩波書店、１９９５

Shams, L., Kamitani, Y. & Shimojo, S., What you see is what you hear, *Nature* 408, p.788, 2000.

Shams, L., Kamitani, Y., Thompson, S. & Shimojo, S., Sound alters visual evoked potentials in humans, *Neuroreport* 12, pp.3849–3852, 2001.

Sheth, B. R., Nijhawan, R. & Shimojo, S., Changing objects lead briefly flashed ones, *Nature Neuroscience* 3, pp.489–495, 2000.

Shikina, Y. & Ichikawa, M., Sex differences in the impression formation and change blindness in viewing photographic images, *In VISION* (supplement), p.212, 2006.

Simons, D. J., Franconeri, S. L. & Reimer R. L., Change blindness in the absence of a visual disruption, *Perception* 29, pp.1143–1154, 2000.

Sugita, Y. & Suzuki, Y., Audiovisual perception: Implicit estimation of sound-arrival time, *Nature* 421, p.911, 2003.

Wada, Y., Kitagawa, N. & Noguchi, K., Audio-visual integration in temporal perception, *International Journal of Psychophysiology* 50, pp.117–124, 2003.

◎第5章

Bornstein, M. H., The pace of life: revisited, *International Journal of Psychology* 14, pp.83–90, 1979.
Burdick, A., The Mind in Overdrive, *Discover* 27, pp.21–22, 2006.
Eagleman, D. M., Time perception is distorted during slow motion sequences in movies, *Journal of Vision* 4, p.491, 2004.
Eysenck, H. J., *Dimensions of personality*, Routledge & Kegan Paul, London, 1947.
ラッセル・フォスター／レオン・クライツマン『生物時計はなぜリズムを刻むのか』第3章前掲
木村敏『自己・あいだ・時間』ちくま学芸文庫、２００６
松田文子〝時間評価の発達Ⅰ―言語的聴覚刺激のまとまりの効果〟「心理学研究」36、１６９―１７７頁、２００４
松田文子『時間を作る、時間を生きる』北大路書房、２００４
松田文子他編『心理的時間』北大路書房、１９９６
本川達雄『ゾウの時間　ネズミの時間』中公新書、１９９２
西村好古〝映像・音楽再生速度が時間知覚に及ぼす影響〟山口大学理工学研究科修士論文、２００６
Ono, F. & Kawahara, J., The subjective size of visual stimuli affects the perceived duration of their presentation, *Perception & Psychophysics* 69, pp.952–957, 2007.
折原茂樹〝歩行課題を用いた生活時間評価について〟「国士館大学文学部人文学会紀要」24、１５６―１６４頁、１９９１
エルンスト・ペッペル『意識のなかの時間』第4章前掲
Rimoldi, H. J. A., Personal tempo, *The Journal of Abnormal and Social Psychology* 46, pp.283–303, 1951.
Salthouse, T. A., The processing-speed theory of adult age differences in cognition, *Psychological*

Review 103, pp.403–428, 1996.
島村千樹／篠原一光／長山泰久／三浦利章／小川和久〝右折行動の研究⑵—右折所要時間とその評価〟「日本応用心理学会第58回大会発表論文集」218—219頁、1991
Tayama, T., Nakamura, M. & Aiba, T. S., Estimated duration for rotating-spot-pattern, *Japanese Psychological Research* 29, pp.173–183, 1987.
戸沼幸市『人間尺度論』彰国社、1978
Watts, F. N. & Sharrock, R., Relationships between spider constructs in phobics, *British Journal of Medical Psychology* 58, pp.149–153, 1985.

◎第6章
JTB広報室「1月4日を休めば9連休　国内・海外ともに昨年を超える好調な人出」2007／12／6
厚生労働省「平成15年版　厚生労働白書」第1部　活力ある高齢者像と世代間の新たな関係の構築、第2章　子どもをとりまく現状・課題、第2節　子どもの育ちの現状と課題、2003
毎日新聞「生活習慣病：睡眠不足でリスク拡大　日大などが疫学調査」2008／3／12

◎第7章
ドナルド・A・ノーマン『誰のためのデザイン？』野島久雄訳、新曜社、1988

一川 誠（いちかわ まこと）

一九六五年宮崎県生まれ。大阪府で育つ。千葉大学文学部行動科学科准教授。大阪市立大学文学研究科後期課程修了。博士（文学）。専門は実験心理学。実験的手法を用いて、人間の知覚認知課程や感性の特性についての研究を行なっている。著書に『知覚の可塑性と行動適応』『大人になると、なぜ1年が短くなるのか?』『美と感性の心理学』（いずれも共著）など。

大人《おとな》の時間《じかん》はなぜ短《みじか》いのか

集英社新書〇四六〇G

二〇〇八年九月二二日 第一刷発行
二〇二〇年一月一一日 第六刷発行

著者……一川《いちかわ》 誠《まこと》
発行者……茨木政彦
発行所……株式会社集英社
東京都千代田区一ッ橋二-五-一〇 郵便番号一〇一-八〇五〇
電話 〇三-三二三〇-六三九一（編集部）
〇三-三二三〇-六〇八〇（読者係）
〇三-三二三〇-六三九三（販売部）書店専用

装幀……原 研哉
印刷所……大日本印刷株式会社 凸版印刷株式会社
製本所……加藤製本株式会社

定価はカバーに表示してあります。

ISBN 978-4-08-720460-5 C0240

集英社新書　好評既刊

時間はどこで生まれるのか
橋元淳一郎

なぜ過去は変えられないのに、未来は未知なのか？　どうして時間は過去から未来に流れているように感じられるのか？　相対論や量子力学の知見から考える、画期的な時間論。

非線形科学
蔵本由紀

すべては崩壊へと向かう物理過程に抗し、生物から無生物まで森羅万象を形づくる、自然界に潜む能動因とは何か。現代物理学の最前線から、第一人者が数式を使わずに解説する。

物理学と神
池内了

この世の出来事は神の御業か、それとも物理的な現象か？　人類の自然観・宇宙観の変遷をたどりながら、自然科学の歴史と発展を読み解く、分かりやすく刺激的な物理学入門。

ダーウィンの足跡を訪ねて
長谷川眞理子

ガラパゴスをはじめ天才科学者ゆかりの場所を実際に訪れ、その思索の道のりをたどった貴重な記録。進化論を確立したダーウィンの生涯が写真とともに浮かび上がるカラー新書。